Le plongeon

Marc Maury

Le plongeon

vers la vie !

Bayard

ISBN 2-227-47122-0

3, rue Bayard, 75008 Paris.

À Paule,
À Catherine, Guy et Marc-Olivier,
À tous les miens, disparus ou vivants,
À tous ceux qui m'ont aidé.

Mes remerciements chaleureux à Mme Claude Morin, qui fut mon excellente secrétaire pendant vingt ans, et qui a bien voulu continuer en assurant la saisie de cet ouvrage.

Un mot de Paule Maury

Me voici dans une situation paradoxale. Car bien qu'ayant assisté à son élaboration, je ne souhaitais pas la publication de ce livre. Il raconte notre vie, à mon mari et à moi, à partir de ce jour de 1945 où tout a basculé, où je suis passée du paradis à l'enfer, symbolisé par le fond sombre de l'eau sur laquelle glissait la barque dans laquelle on avait allongé mon mari, inerte mais conscient. Il venait de plonger dans la rivière. Il avait fallu le sortir de l'eau. D'une voix calme, il m'avait dit : « Je ne peux plus bouger. Je me suis cassé la colonne. »

À cette époque, il n'était pas question de rééducation. Ce fut pour nous une longue traversée du désert, sans aucun repère, avec un unique objectif, celui de vivre malgré la mort annoncée.

C'est peut-être pourquoi le stress qui nous a étreints s'est maintenu pendant des années. Nous nous sommes efforcés de supporter une vie de contraintes, de difficultés imprévues et quotidiennes.

Peu à peu, la patience, l'imagination, l'énergie nous ont amenés du plus profond désarroi à une certaine quiétude. Et, comme le montre le récit de mon mari, nous nous sommes réconciliés avec la vie.

P. M.
Paris, juin 2002.

Prologue

Nous passons de courtes vacances en Tunisie, Paule et moi. C'est la fin des années 1960. Alors que j'attends dans la voiture près d'un hôtel, un adolescent d'une douzaine d'années s'approche :

« Tu es malade, toi ?

– Oui, si on veut. »

Regard approfondi, puis silence. Je lui demande :

« Tu ne travailles pas ?

– Non, mais je suis le chef du parking où tu es, je garde les voitures. (Un temps.) Tu ne peux pas marcher ?

– Non.

– Tu devrais avoir des pièces qui te tiennent les jambes droites, me dit-il, avec un geste adapté très précis, et tu serais debout.

– C'est une bonne idée.
– Tu as travaillé en France ?
– Je travaille encore.
– À quoi ?
– Je suis médecin. »

Regard, hésitation puis grand éclat de rire. Conversation en arabe avec son voisin et nouvel éclat de rire à deux.

Le comique de mon double statut de personne handicapée et de médecin m'avait jusque-là échappé.

Que dire ? Je ne vais tout de même pas lui citer Pascal : « L'esprit est prompt, seule la chair est infirme. » Mais j'aurais dû peut-être lui expliquer que ce pouvait être un privilège pour un médecin d'être handicapé quand on soigne d'autres paralysés, que nous nous comprenons facilement, « mes » malades et moi, et que le fossé qui sépare si souvent celui qui cherche un secours de celui qui est censé le lui apporter est comblé, au moins en grande partie.

Près de Fontainebleau, lors d'une petite réception chez lui, vers la fin de ma carrière, le professeur Merle d'Aubigné, chirurgien, chef d'école de renommée internationale, me présente : « Maury, qui a eu un accident très jeune, a été paralysé des quatre membres et s'est consacré depuis à la rééducation des grands handicapés. Il a eu une vie magnifique. »

Jeune médecin paralysé, je suis entré dans la rééducation comme on entre en religion, avec une ardeur affamée. Rien n'existait alors et il y avait beaucoup à découvrir pour sauver des blessés et malades qui jusque-là mouraient, ce que j'aurais dû faire aussi pour me conformer aux certitudes de la médecine de l'époque. Le rôle de pionniers que nous avons joué à quelques-uns a été des plus enthousiasmants.

Mais toutes les gratifications reçues au cours de mon exercice professionnel n'ont pu me faire oublier les années noires après l'accident, passées à lutter pour la survie, contre les méfaits de l'immobilité et pendant lesquelles ma vie a été plutôt « à faire pleurer les cailloux », comme dirait Bernanos.

Voilà pourquoi, sans doute, j'ai dû attendre plus de cinquante ans avant de pouvoir dire aussi ce temps de souffrance.

J'ai pourtant beaucoup écrit durant ma deuxième vie, commencée à l'âge de vingt-deux ans. Écrit comme médecin s'adressant à des médecins, mais aussi volontiers à des patients. Écrit en somme pour des collègues de fortune ou d'infortune. Cela me paraissait d'autant plus important que les troubles, associés à la paralysie, qui touchent à l'intimité de la personne humaine, étaient mal connus. « Dans notre situation, c'est ce qui est caché qui est le plus important », me dit un jour un de mes malades, journaliste de profession.

Cette aventure exceptionnelle, où j'eus le sentiment d'être toujours en avance sur l'Histoire, il était normal que je ressente le besoin de l'utiliser pour d'autres, puis de la dire enfin.

Jean Guéhenno, dans ses *Carnets du vieil écrivain*, a levé mes dernières hésitations : « Des livres de souvenirs ne sont qu'une avachissante masturbation s'ils ne sont pas menés par un grand instinct. Chacun sait des choses qu'il est seul à savoir. Il ne faut que les trouver et les dire, avec confiance, sans aucun respect humain, avec la certitude qu'elles en valent la peine. »

1

« La vie a commencé dans l'eau »

(Jean Rostand)

En cette belle matinée de juillet 1945, nous partons à quelques canoës pour remonter avec l'aide de la marée le cours de la Laïta vers Quimperlé. Après avoir parcouru plusieurs kilomètres, nous débarquons là où la rivière plus paresseuse s'étire en un coude entre deux bancs de sable. Dans une ambiance joyeuse, la petite équipe s'installe pour se reposer et se détendre. Les uns plongent et se baignent, d'autres chahutent, tandis que Paule et moi dansons au son d'un phonographe. L'idée me vient de plonger en passant par-dessus un camarade placé à quatre pattes au bord de l'eau. Je prends mon élan et me retrouve dans l'eau, incapable de faire un mouvement. Je n'ai ressenti aucune sensation de choc. Mes amis croient d'abord à une plaisanterie, mais ils finissent par comprendre que je ne joue pas. Ils me sortent de l'eau. J'ai très mal au cou, je me vois paralysé.

Non seulement je ne peux plus bouger, mais j'ai perdu l'essentiel de ma sensibilité sur les trois quarts du corps.

Ma deuxième vie vient de commencer.

Cette nuit-là, à l'hôpital de Quimperlé, alors que la fièvre se maintient à 41°6, le chirurgien me renvoie chez moi pour mourir près des miens. Je suis donc ramené dans la maison de campagne de ma belle-mère où nous passions nos vacances, mon épouse Paule et notre fille Catherine, âgée de trois mois. Pour monter l'escalier, les ambulanciers m'ont installé sur un brancard et ont relevé un drap sur mon visage. Mon décès est attendu. Mon père, arrivé dès le lendemain, est tout habillé de noir.

Ai-je conscience de la gravité de la situation ? Je ne le crois pas. De toute façon, je sais maintenant que l'annonce d'un tel pronostic, qu'elle soit verbale ou comme ici symbolique, est généralement ignorée, déniée.

J'ai vingt-deux ans. Je viens d'achever ma deuxième année de médecine et je projette de devenir chirurgien.

La fièvre ayant baissé, on me transfère quelques jours plus tard à la clinique où les sœurs m'accueillent avec autant de componction que de sourires. Le prestige du chirurgien ne me paraît pas affecté par cette résurrection imprévue. Il vaut toujours mieux se tromper dans ce sens-là.

Comme il faut « faire quelque chose », on s'occupe de trouver à Paris un neurochirurgien disponible. Il vient au Pouldu avec sa femme comme assistante et m'enlève les lames d'une vertèbre cervicale. Je me suis aperçu, en analysant trente ans plus tard les radiographies, qu'il s'était trompé d'étage. Cette petite erreur n'a probablement rien changé.

L'été est chaud. Paule vient à bicyclette passer une grande partie des journées avec moi. Les sœurs infirmières sont dévouées et attentives. Si attentives que nous volons difficilement quelques moments d'intimité. Nous n'avons pas eu beaucoup de temps pour nous fabriquer des souvenirs. Nous parlons de notre Catherine, des petits faits qui tissent le quotidien de tout hospitalisé et nous attendons, dans l'ignorance la plus complète.

Des enfants de nombreuses colonies de vacances passent sous la fenêtre de ma chambre, leurs chants suscitent en moi une grande émotion. La vie est là, dehors, si proche et si lointaine. Je n'ai jamais entendu, depuis, ces chants d'enfants sans penser à ceux-là, tout comme j'ai encore en mémoire, sur le palais, le goût d'un excellent bordeaux qu'une vieille tante m'avait fait porter.

Des trois semaines passées dans la clinique parisienne où sévit « mon » neurochirurgien et où je suis bientôt transféré, je ne garde que deux souvenirs. Me trouvant seul un jour, agacé par les mouches qui se posent sur mon visage et que je ne peux chasser, j'en repère une particulièrement agressive et attends patiemment qu'elle passe près de ma bouche pour lui envoyer un courant d'air. J'aspire aussi fort que me le permet ce qui me reste de muscles respiratoires. Le résultat est inattendu, j'avale la mouche. Curieuse destinée que celle de la mouche qui, après trois ou cinq années passées à l'état de nymphe aquatique, ne connaît adulte que quelques jours d'ivresse aérienne, juste le temps de s'accoupler et de pondre.

Mon deuxième souvenir se situe un après-midi où une jeune femme proche parente est « de garde » auprès de moi. Je suis pris d'une violente et persistante douleur testiculaire. J'hésite d'autant plus à lui en parler qu'elle est plutôt du genre prude et réservé, mais bientôt je n'y tiens plus, la prie de remonter légèrement les « parties » douloureuses. Comme elle ne peut décemment pas rester à les maintenir en position ascensionnelle, je lui demande de les soutenir avec un bloc de coton. C'est fait avec beaucoup de délicatesse et un bénéfice inespéré. Si je dois compter les fois où depuis, par de petits moyens très simples plutôt que par une grande thérapeutique, j'ai pu améliorer des douleurs ou autres misères pour mes malades ou pour moi-même, elles se chiffreront par centaines.

La futilité même de ces souvenirs gravés depuis cinquante ans rappelle qu'il faut avoir vécu de telles situations pour imaginer la somme d'« agaceries » que représente la perte de toute défense, même contre une mouche, l'impossibilité de se gratter...

Après deux années de médecine, je n'ai aucune notion des complications qu'inflige l'immobilité : les escarres, les dysfonctionnements urinaires et intestinaux, l'atrophie des muscles, les infections... Elles sont alors considérées comme inévitables. Je vais les apprendre. J'ai déjà trois escarres.

La famille ne reste pas inactive. Paule, en deuxième année de médecine comme moi, est allée voir certains de nos premiers maîtres, sans beaucoup de succès. Mais j'apprécierai un peu plus tard leur disponibilité. À la bibliothèque de la faculté de médecine, elle a trouvé dans l'encyclopédie médico-chirurgicale un article du professeur Guillain, un des plus grands neurologues de l'époque, qui mentionne le pronostic toujours fatal d'une telle blessure de la moelle épinière. Il conclut par une phrase qui nous reste en mémoire : le danger de plonger dans une eau insuffisamment profonde !

En 1945, la survie des patients gravement paralysés après un traumatisme n'est pas envisageable. La mort est le dénouement attendu à plus ou moins brève échéance. André Thomas, éminent neurologue qui vient m'examiner à mon domicile après ma sortie de l'hôpital, s'adresse d'un air contrit à Paule : « Vous savez ce qu'il vous reste à faire. »

Elle ne le sait toujours pas.

Plus tard, j'ai découvert un livre sur « le réflexe pilomoteur », publié en 1921 par ce savant spécialiste. C'est une merveille de sémiologie avec des représentations dessinées des réactions sur le corps de chaque patient. Des heures ont été à l'évidence consacrées à chacun pour un examen minutieux. Mais toutes les observations – une cinquantaine – se terminent par un décès au bout de plusieurs mois et semblent ignorer même les complications fatales. Un quart de siècle après la publication de cet ouvrage, l'état d'esprit est resté le même. La recherche clinique vise un résultat scientifique et non l'amélioration du malade.

2

« Chacun s'accroche comme il peut à sa mauvaise étoile »

(Cioran)

Parmi les quelques facteurs à l'origine de ma survie quasi miraculeuse, le premier en date est curieusement la sévère maladie qui vient de terrasser ma sœur pendant quelque dix-huit mois. Le premier médecin auquel nous avons parlé de sa maladie est le chef de clinique dont, stagiaire débutant, je dépends à Broussais. Il fait à ma sœur une ponction lombaire et avance le diagnostic probable de méningite tuberculeuse, maladie qui, à l'époque, est toujours fatale.

Que faire, devant une telle condamnation ? Changer de médecin. Mon beau-frère, qui ne se résigne pas, fait venir successivement trois patrons qui portent trois autres diagnostics. Comme l'évolution reste insensible à diverses thérapeutiques, on prend l'avis d'un quatrième, le professeur Mollaret, qui n'hésite pas longtemps : ma sœur est le troisième cas d'une maladie qu'il vient de découvrir et qui guérit spontanément. Sa joie est presque égale à la nôtre. Et ma sœur reconnaissante se prête de bonne grâce quelques mois plus tard à deux présentations de Mollaret devant ses collègues de sociétés savantes. Si bien que Mollaret entretient avec ma sœur le même type de relations que M. Perrichon avec celui qu'il avait sauvé.

Mollaret est aussi droit physiquement que moralement. Avec ses cheveux blancs et courts, séparés par une raie au milieu, et sa petite moustache, il fait très vieille France.

Lorsque ma sœur lui parle de mon cas, il propose tout de suite de me prendre dans le service de la Salpêtrière où, en attendant un poste de chef de service, il est assistant du professeur Guillain.

Si Mollaret contribue tant à ce que je m'en sorte, c'est qu'il adopte d'emblée une attitude opposée à celle des neurologues « contemplatifs », s'employant à faire quelque chose, exactement comme s'il ignorait le caractère fatal du pronostic, et nous donnant toutes les facilités matérielles possibles.

À la Salpêtrière, en 1945, la salle commune compte une cinquantaine de lits et à l'une de ses extrémités un groupe de cinq box séparés par une porte est réservé aux cas graves ou privilégiés. Comme j'appartiens aux deux catégories, j'ai droit à un box assez grand pour contenir deux lits, dont le second peut être occupé par Paule. Sa présence permanente, au moins dans les premiers mois, est sans aucun doute un élément déterminant de ma survie. J'imagine en même temps quelle épreuve c'est pour elle. Autorisée par le professeur Guillain à suivre sa visite hebdomadaire, elle est mêlée aux étudiants lorsqu'il leur dit : « Allons voir ce pauvre étudiant en médecine qui n'en finit pas de mourir. »

Dès les premiers jours d'hospitalisation, je suis devenu sensible à tout ce qui se passe dans mon environnement immédiat. Les bruissements de la vie m'accompagnent le jour, la nuit. Mon immobilité a décuplé mes capacités d'attention et j'observe d'assez près la vie quotidienne dans le service. Ma chambre se situe à proximité de la salle commune d'où s'échappent des rumeurs et des éclats de voix. Par la porte ouverte sur le couloir, je vois les va-et-vient des soignants. Telle une sentinelle, allongée et silencieuse, je suis les mouvements, j'entends les réflexions et les remarques.

Les chariots qui évacuent les morts passent par la porte juste à côté de ma chambre. Nous l'entendons s'ouvrir un certain nombre de fois, le plus souvent la nuit. Entré dans un box voisin, un jeune et sympathique abbé qui vient bavarder avec nous, a une tumeur cérébrale inopérable. Une semaine après son entrée, une nuit, nous l'entendons avec tristesse franchir la porte sur un chariot.

La nuit, les cris des femmes hospitalisées dans le service de psychiatrie voisin déchirent le silence. Ils sont terrifiants et expriment sans doute une grande souffrance. Je n'ai jamais depuis entendu de tels hurlements. J'imagine d'autres cris, ceux des femmes enfermées pendant la Révolution dans ce même lieu qui était alors une prison, puis transportées ensuite en charrette à travers Paris jusqu'à l'échafaud. Dans le grand enfermement décrit par Michel Foucault, les fous, les malades, les infirmes, les vagabonds, étaient jetés pêle-mêle dans une bâtisse repoussoir, qui pourtant avait pris à l'origine le terme hospitalier d'« asile », qui évoque refuge et protection.

À la Salpêtrière de ces années-là, le voisinage des grands malades neurologiques et des fous est-il accidentel ou intentionnel ? Il y a eu dans l'Histoire tant d'exemples d'un tel amalgame, si bien traduit dans les tableaux de Breughel l'Ancien, qu'aujourd'hui je n'ai pas beaucoup de doute. Peut-on imaginer qu'en Suède, une loi en vigueur jusqu'en 1976 autorisait la stérilisation de tous les « inadaptés sociaux » : infirmes, alcooliques, handicapés mentaux, etc. Il fallait alléger la charge économique de la société. On retrouve ici la tentation eugénique de l'homme, exaltée par Platon dans sa *République* et qui, depuis, n'a pas cessé de hanter l'homme, plus ou moins ouvertement.

Un « pensionnaire » atteint d'une maladie devenue rare réside depuis vingt-cinq ans dans la salle commune. Il n'a pas de famille. On le garde, car il est médicalement utile : un de ses grands plaisirs est d'être présenté tous les six mois aux nouvelles cohortes d'étudiants. C'est son heure de gloire. Il aime bien le vin et chaque année pour fêter dignement la Noël avec ses voisins de lit, il met de côté pendant un mois sa ration journalière. Il est mort cette année-là, la veille de Noël.

Un traitement me fait un bien particulier : la radiothérapie sur la moelle cervicale. Du simple fait que je sors à l'extérieur pour aller à la séance quotidienne. Je suis sur un chariot, le nez en l'air. Je respire du plus fort que je peux. Dans *Le pavillon des cancéreux*, Oleg, le héros de Soljenitsyne, sort de l'hôpital où, quelques semaines plus tôt, il était sûr de n'être entré que pour mourir. « Il lève la tête, jette un regard. Des quenouilles de nuages duveteux, minutieusement ouvragés à longueur de siècles, avant de se diluer, s'étiraient à travers tout le ciel pour quelques instants seulement. Pour ceux-là seuls, peu nombreux, qui avaient levé la tête, et peut-être même pour Oleg seulement. C'était le matin de la Création ! L'univers était recréé pour être rendu à Oleg : Va ! Vis ! »

Lors d'une sortie, l'infirmier qui guide le chariot capoté sur lequel je suis installé rencontre un de ses collègues poussant un autre chariot. Ensemble, ils commencent à se raconter leurs histoires et moi, pour occuper le temps, j'adresse quelques mots à mon voisin, jusqu'au moment où je m'aperçois que je parle à un mort que l'on emmène à la morgue.

J'apprécie aussi un autre traitement, tout aussi anodin : des séances d'ionisation, entreprises un peu plus tard et pratiquées par le professeur Bourguignon, le type même du vieux savant, ne comptant jamais son temps (combien de fois aura-t-il mesuré mes chronaxies !) et travaillant dans un local à la Dubout, encombré d'appareils et de fils. Comme ce traitement est indolore et que Bourguignon est un homme fort courtois, ces séances sont en fait une agréable sortie. Bourguignon est sourd et il faut trouver près de lui la bonne position pour se faire comprendre. On lui prête cette anecdote amusante : alors qu'il se rendait en Angleterre pour un congrès, il est accueilli à son arrivée par un collègue anglais qui engage courtoisement la conversation en français. Au bout d'un moment, Bourguignon sort sa corne, la met à son oreille et lui dit : « Ne vous fatiguez pas, je ne comprends pas un mot d'anglais. »

Vingt ans plus tard, en visitant avec Paule les églises romanes du Brionnais, nous avons appris que quatre amis effectuant le même circuit s'étaient raconté cette histoire avec quelques autres prêtées à ce savant d'un autre âge. Ils ont décidé de fonder le « club Bourguignon ».

La surveillante de salle est une Bretonne sympathique et rondelette, tandis que l'infirmière chef qui s'occupe des box a, sous des dehors aimables, une certaine perversité. Que d'attentats à la pudeur ne dois-je pas subir quand elle vient avec une ou deux autres m'installer pour les repas, me laissant inutilement découvert dans les situations les plus humiliantes, aussi bien en présence de ma femme. Apparemment, il ne lui est pas venu un seul instant l'idée que cela pouvait nous gêner. Je lui dois de ne jamais avoir laissé découvert un de mes malades quand je pouvais faire autrement et d'avoir toujours essayé d'inculquer les mêmes habitudes chez les soignants de mon service. Le respect du malade, de sa personnalité comme de sa pudeur, compte autant que la qualité des soins.

Il y a presque toujours parmi les occupants des box un malade qui ne prend pas de repas ou de dessert. Et je vois tous les jours cette infirmière chef mettre prestement un dessert dans la poche de son tablier. Triste privilège de l'immobilité qui permet d'observer la face grise du monde à un fort grossissement. Quelques années plus tard, je prends conscience qu'il ne faut pas abuser des facilités d'observation. Et je crois avoir suivi sans faille pendant toute mon existence une règle simple : laisser les choses basses voler à leur propre hauteur.

L'immobilité, qui présente tant d'inconvénients sur le plan physiologique, entraîne le plus souvent une dépendance qui peut à son tour amener des intrusions, voire des effractions dans l'intimité de la personne. Il n'est pas surprenant alors que cette immobilité soit source d'anxiété. La crainte de telles effractions et l'attente des interventions extérieures suffiraient à l'expliquer.

À vivre immobile, tel les arbres, on dépend trop de ce qui bouge. Mais l'immobilité humaine présente des avantages inattendus. La faculté d'observation aiguisée, le sens critique développé ne mettent-ils pas ceux qui bougent à la merci de ceux qui les observent, s'exerçant à utiliser au mieux leurs talents décuplés ?

Hercule Poirot, le héros d'Agatha Christie, détective et fin psychologue, s'immobilise toujours dans une réflexion plus ou moins prolongée au moment où ses collaborateurs s'impatientent et s'agitent pour creuser diverses pistes. L'efficacité de sa réflexion est à rapprocher du sixième sens que l'on rencontre chez certains immobilisés de longue durée et qui persiste même lorsqu'ils ont repris une vie active. C'est une sorte d'intuition qui permet de démonter, avec une célérité beaucoup plus grande que chez la plupart, les mécanismes d'action et de pensée de ses interlocuteurs et de son environnement, et pour finir de les connaître plus vite et mieux. Marcel Proust l'appelait son rayon X, et l'on sait tout le parti qu'il en a tiré.

Une autre faculté peut se développer chez les immobilisés, c'est l'art de se faire servir, voire même obéir. Il est aussi agréable de se faire servir qu'il est désagréable d'avoir besoin des autres. Mais le besoin crée la demande, qui n'a que tendance à croître en fonction de la personnalité de chacun. Cette faculté n'est pas qu'un défaut ; elle peut devenir chez certains aptitude au commandement, à la direction d'une équipe.

Ne peut-on trouver une certaine analogie entre l'homme handicapé, que l'on a quelquefois appelé « repris d'injustice », et l'homme incarcéré, le repris de justice ? Les années de prison aiguisent volontiers les facultés sensorielles, tout comme elles développent le sens de l'observation et du pressentiment.

Le repris d'injustice et le repris de justice sont, l'un et l'autre, des « invités à l'attention ».

3

« Plus est en nous »

(Devise des ducs de Bourgogne)

Pendant ces mois d'hospitalisation, je reçois beaucoup de visites. Je peux mesurer combien il est difficile de trouver les mots justes devant un grand malade, condamné. Comme on me change ma veste de pyjama devant un de mes vieux copains, un des plus drôles que je connaisse, il voit mes côtes saillantes, mes bras fondus, et me dit : « Es-tu d'accord pour je t'inscrive pour les championnats de France d'haltérophilie, dans quinze jours ? » Nous éclatons de rire tous les deux et cela fait du bien. Le plus souvent, le nouveau visiteur m'aborde par une phrase du genre : « Tu as bonne mine, dis donc. » Je réponds immanquablement, avec un sourire : « La mine ne fait pas le moine... » Depuis, j'ai lu dans le journal de Mathieu Galey, ce journaliste écrivain emporté en deux ans par une maladie rapidement évolutive, une réplique qui me paraît bien meilleure : « La mine peut-être, mais le porte-mine ! »

Malgré mon entourage si présent, si attentif, je suis périodiquement habité par un profond sentiment de solitude. On peut être seul au milieu des autres, même s'il s'agit d'êtres chers. Je m'interroge sur la place qui va maintenant être la mienne, sur le devenir de ma famille, sur mon avenir professionnel. Questionnement aussi sur Dieu, voire à Dieu. Je ne crois pas en son existence et en même temps je lui en veux. Par moments, le désespoir m'envahit ainsi qu'un sentiment de révolte et d'injustice. Pourquoi moi ? Comme le corbeau du poème d'Edgar Poe, je me répète : *« Nevermore... Nevermore ! »* Je suis placé devant une exigence de redéfinition et de restructuration par rapport à moi-même, de dépendance par rapport à l'autre, modifiant les contours de ce que le philosophe appelle l'altérité. Et je ne l'accepte pas.

Ma vie est rythmée par les soins, et j'ai souvent la sensation pénible de ne plus être considéré que comme un corps manipulé, un objet. Ma dépendance complète pour tous les actes de la vie quotidienne me ramène au stade de dépendance inconditionnelle du nourrisson. Une telle dépendance met constamment à l'épreuve la notion d'intimité. C'est que l'individualité irréductible du corps renvoie à l'identité unique de chaque être. Mettre en cause le corps, c'est donc mettre l'individu en cause, dans ce qu'il a d'unique. On se souvient que, dans les camps de la mort, le premier geste des gardes nazis était de dépouiller les déportés de leurs vêtements, de les mettre nus ou en uniforme de bagnard, dans la plus grande promiscuité. De les dépersonnaliser.

Dans la relation aidant-aidé, comme dans la relation soigné-soignant, le respect mutuel est indispensable. Il implique un présupposé d'égalité. Le regard, l'attention qu'on porte à ce que l'aidé donne à connaître de son intériorité, des gestes aussi simples que la « serviette pudeur » posée sur les organes génitaux dès le début de la toilette, le langage employé, tout compte. Être présent dans une relation librement consentie et non pas accomplir l'utile mécaniquement.

Le soigné ne doit pas pour autant oublier que le soignant a sa propre vulnérabilité.

Dans mon box de la Salpêtrière, nous connaissons heureusement des moments de détente. Nous écoutons la radio et en particulier tous les midis la demi-heure d'un fantaisiste, Max Régnier. Je me souviens qu'il annonce un jour avoir lu dans le *Journal officiel* une augmentation des vespasiennes du zoo avec effet rétroactif ! Cela nous amuse, nous ne manquons pas de le raconter aux copains en visite. « Heureux ceux qui rigolent d'un rien », dit l'Ecclésiaste. Et Alphonse Allais ajoute que les gens qui ne rient pas ne sont pas des gens sérieux.

Paule parle longuement des progrès de Catherine, notre fille, ainsi je suis toujours un père, même s'il m'est douloureux de ne pas être présent tous les jours à la maison, de la voir grandir, de me réjouir de ses acquisitions, de participer à la vie familiale.

Le professeur Mollaret a permis à Paule d'occuper le lit à côté du mien ; ce n'est pas dans les habitudes de l'Assistance publique en 1945. Malgré les faibles quantités de pansements américains disponibles, qui ont pour qualité principale d'être très bien adaptés à l'absorption des fuites d'urine, Mollaret réussit à m'en procurer pour mes soins. Quand le stock est épuisé entrent en scène les porteuses de valises. On me met des serviettes-éponges entre les cuisses pour recueillir les urines et tous les deux jours, Paule, ma belle-mère et surtout son employée de maison apportent une grande valise de serviettes propres et la remportent remplie de serviettes souillées. Ainsi, l'escarre que j'ai sur le sacrum ne baigne plus dans une humidité permanente. Une petite chirurgie locale permet d'exciser en trois étapes cette plaie profondément infectée. Ce geste est très utile, même si par la suite on continue de m'installer beaucoup trop sur le dos. Les escarres finiront par guérir, bien plus tard et sans que quiconque s'aperçoive qu'effectivement les changements de position ont un effet décisif. Je dois beaucoup à Mollaret. Mais je n'ai pas encore compris pourquoi il n'avait pas publié « Un cas exceptionnel de survie d'un tétraplégique ». Peut-être pour ne pas risquer de déplaire à Guillain.

Le temps passe. Je ne meurs pas, mais je ne récupère pas non plus, sinon quelques menus mouvements de deux doigts de la main droite. Il n'est pas question de rééducation, mais une masseuse vient tous les matins. Elle s'intéresse uniquement aux espaces interosseux de mes mains. Et si énergiquement que j'ai rapidement de petits hématomes. Les bleus sur le dos des mains virent au jaune. Mollaret est d'accord pour que l'on s'arrête.

Nous avons entendu parler d'un ingénieur nommé Bidou, qui fabrique des appareils de marche et dispose d'ailleurs d'un petit local à la Salpêtrière. Paule prend contact avec lui. Il est prêt à m'accueillir dans la clinique de Neuilly où il a un atelier de fabrication des appareils et des lits d'hospitalisation. Quand nous annonçons au professeur Guillain que nous quittons son service pour la clinique de Bidou, cet homme habituellement si courtois nous fait une véritable scène.

Il méprise cet appareilleur qui ne connaît rien à la médecine et ne s'intéresse qu'au commerce. Mollaret, lui, se contente de souhaiter me suivre et me demande de l'appeler dans quelques mois à l'Institut Pasteur où il travaille souvent l'après-midi.

Chez Bidou, il y a aussi des lits chirurgicaux, si bien que les paralysés sont mélangés avec des opérés. Paule n'étant plus à mes côtés, c'est là que je commence à découvrir l'autre. Mon premier voisin est un opéré maxillo-facial. Il ronfle comme un turboréacteur. Je siffle, il s'arrête quelques minutes et recommence. Siffler toute la nuit n'est ni une possibilité, ni d'ailleurs une solution. Il n'y a qu'à attendre. Il sort une semaine plus tard, à notre double satisfaction.

Bidou fabrique pour tous ses clients le même type d'appareil, véritable armure qui pèse dans les quinze kilos, tient debout toute seule, nécessite des clés tout à fait spéciales et du temps pour le montage et le démontage. Mais cet appareillage a le grand mérite de permettre la station debout, entre deux cordages, et l'on sait maintenant tous les avantages de la « mise en charge ».

Passée la phase où je tombe en syncope à chaque mise debout, passée celle plus longue où j'ai pu avancer un pied de quelques centimètres, puis l'autre, je parviens ainsi à parcourir un ou deux mètres. Saint-Exupéry raconte l'épopée de Guillaumet, cet aviateur tombé le 13 juin 1930 dans la cordillère des Andes et marchant plusieurs jours dans la neige. Il s'obligeait à faire un pas et encore un pas, évitant surtout de tomber, car il craignait en cas de chute de ne plus avoir le courage de se relever.

Je m'aperçois que mes jambes répondent à la station debout et me dis qu'elles seraient peut-être capables de me porter seules. Bidou est formellement opposé aux essais de marche sans appareil qui, dit-il, ne peuvent que « vider les accus ». Ce n'est pas un homme facile et prêt à la discussion. Il y a heureusement chez lui une merveilleuse aide-soignante d'un dévouement sans bornes, apte à tout faire et à tout arranger. De quelque soin qu'il s'agisse, de la pose de l'armure de marche, d'un accident urinaire ou intestinal, elle agit avec autant de délicatesse que d'efficacité. Elle voit bien tout le plaisir que j'ai à essayer de tenir debout sans appareil, puis à ébaucher un ou deux pas. Elle m'aide à braver les interdits. Nous prenons des risques, car Bidou, m'ayant surpris un jour debout sans appareil, parle de me renvoyer en cas de récidive. Mais quand je sors au bout de six mois, je parviens dans les bons jours à parcourir toute une longueur de corde, environ six à sept mètres, avec l'appareil – et plus facilement sans.

4

« Je suis si las ce soir que je voudrais mourir,
Oui mourir, ne plus entendre, ne plus penser,
Ne plus voir devant moi tous ces pantins danser,
Quitter ce monde, simplement, sans bruit et pourrir »

(M. M., 1947)

Les deux années qui suivent sont sans aucun doute les plus dures de mon existence, jusqu'ici. Mes escarres sont loin d'être guéries et je n'ai bien entendu suivi aucune rééducation motrice ni viscérale. Retourner vivre dans son milieu antérieur dans ces conditions est une épreuve que je ne mesure pas, tout à la joie de retrouver le cercle familial.

Aujourd'hui encore, je me demande comment, sans le moindre conseil, sans aucune préparation ni directive, nous nous en sommes sortis, comment j'ai pu, au terme de cinq années, être finalement docteur en médecine, guéri de mes escarres, sans infection urinaire ni déformation.

Bien sûr, nous avons fait beaucoup de réadaptation sans le savoir, par instinct ou par raisonnement. Mais nous ne connaissions pas et nous n'avions pas l'essentiel : l'ambiance d'un centre de rééducation où de nombreux « collègues » sont sur roues, où l'on trouve toujours parmi ses frères de misère de la chaleur et des plus malheureux que soi, où l'accent est mis sur ce qui reste et non pas sur ce qui manque... sans mentionner tous les aspects techniques.

Mes escarres ont guéri parce que nous nous sommes imaginé qu'il fallait les mettre à l'air et même quelquefois au soleil. J'ai bien compris depuis que le principal effet avait été tout simplement de supprimer ainsi tout appui ; l'écorce d'une demi-orange glissée sous mes talons produit le même résultat, ainsi que le rond de caoutchouc gonflé sous mon sacrum. Tous ces menus moyens apparaissent maintenant ridicules, voire dangereux. Je ne les défendrai pas autant que les ventouses et les cataplasmes, malheureusement submergés par les prescriptions trop faciles et abusives d'antibiotiques, mais je leur garde encore ma reconnaissance..., même si je ne les ai jamais prescrits à aucun de mes malades.

Pour les urines, il faut trois ou quatre ans avant que j'apprenne l'existence d'un médecin urologue, un des derniers sans doute, car il n'existe plus que des chirurgiens urologues. Il me prend quelques jours à l'hôpital Cochin, d'où je sors avec des urines stériles, enfin.

Mes pieds, qui ont tendance à se déformer, sont « mobilisés » plusieurs fois par semaine par la famille, surtout ma belle-mère, et par chaque copain qui vient en visite. Plus tard, une planche évite que le poids des couvertures s'ajoute à celui de la pesanteur et bloquent les pieds de sorte qu'ils ne puissent plus se redresser. Quant aux mains, qui ont tendance à se mettre en griffe, je n'arrive pas à les redresser seul. Je fais confectionner par un menuisier une planchette qui maintient les doigts en extension complète, surtout la nuit.

Non seulement je vis en grande partie aux crochets de ma belle-mère, mais elle est aussi souvent mon aide-soignante. Je suis toujours un gendre, mais le futur médecin est devenu un grand malade dont on fait le change lorsqu'il est souillé. Qu'y a-t-il de plus humain que d'éviter la honte à quelqu'un, demande Nietzsche dans *Le gai savoir* ?

Avec une aide, ma belle-mère trouve encore le temps de me lever et de m'installer dans un grand fauteuil cannelé. Et plus tard, quand je peux faire quelques pas avec des cannes, de m'aider à me mettre debout et à marcher. Je ne me souviens pas avoir entendu une plainte de sa part. Un jour, alors que je suis tombé et que j'ai deux fractures du nez, je profère une parole de découragement, du genre : « Ce n'est plus possible, il vaudrait mieux être mort. » À son regard, je comprends qu'elle aussi, à ce moment-là, se demandait si ce ne serait pas la meilleure solution. Chère et généreuse femme, elle est partie avant que j'aie eu le temps de réaliser et de lui dire tout ce que je lui devais. Depuis, j'ai souvent l'occasion de penser à elle, tant sa fille lui ressemble, par son inépuisable générosité, son âme claire et son courage.

Il faut vivre. Grâce à une affichette apposée dans la faculté de médecine où elle poursuit ses études, Paule a heureusement trouvé des vacations à la toute nouvelle Sécurité sociale, tandis que, de mon côté, je donne des leçons de français et de latin à un jeune garçon, gentil mais aussi gâté que paresseux, hospitalisé à la clinique Bidou. Et comme la mère, pâtissière et possessive, tient beaucoup à avoir un fils instruit, je profite de temps en temps, sans trop de scrupules, de la distribution de gâteaux.

Trop souvent, lors de cette lutte pour retrouver une place, être plus autonome, je suis pris par le découragement. Je m'identifie facilement au stropiat du XVIIe siècle, ancien soldat, infirme, déconsidéré, sans ressources, abandonné de tous. Et je n'ai pas été blessé au service du roi !

Un sentiment de culpabilité me harcèle et me tourmente. Aucune ordalie n'aurait pu m'en débarrasser. Je ne suis plus un chef de famille, mais un paralysé à charge. Les miens peuvent-ils me voir autrement ? Un reproche de Paule, une plainte, un geste de nervosité, un moment de découragement, tous les signes d'une souffrance plus ou moins refoulée renforcent ma culpabilité et mon sentiment d'être en trop. L'angoisse de l'abandon m'envahit inconsciemment. Je me vois victime à plaindre, mais je peux aussi être un bourreau provocateur.

Les sentiments ambivalents que nous portons l'un et l'autre auraient pu utilement être exprimés en groupe de parole ou avec un psychothérapeute. Se reconnaître à travers la souffrance de l'autre dans la compassion et le non-jugement est une délivrance. La nôtre mit très longtemps à venir. La culpabilité est un sentiment tenace. Aujourd'hui encore, je ne suis pas sûr qu'elle m'ait définitivement quitté.

Je pense plus d'une fois au suicide, et à la phrase de Cioran : « Seule l'idée du suicide pourrait nous aider à supporter la vie. » Mais voudrais-je passer à l'acte que je suis dans l'impossibilité matérielle de le faire, et surtout je suis marié et père d'une petite fille. Mes progrès éloignent de moi le désir de mettre un terme à mes jours. Paule et ma belle-mère m'ont prodigué la sécurité dont j'avais besoin. Sans elles, je ne m'en serais pas sorti.

Le beau-père de ma sœur, enseignant retraité et très érudit, a le projet d'établir sa propre anthologie poétique et me demande si je veux l'aider. Je n'entends rien à la poésie, mais quand il me confie le volume des poèmes du XVIIIe siècle, je trouve un vif intérêt à tout lire et à sélectionner. Mon choix, un peu abondant, est discuté avec beaucoup de courtoisie. L'anthologie, rédigée d'une fine écriture au verso des feuillets du Dalloz, ne sera jamais publiée. Mais mon intérêt pour cet art ainsi révélé s'est maintenu et j'en garde une grande reconnaissance à mon initiateur, en même temps auteur de la première « thérapie occupationnelle » dont j'ai bénéficié.

Ma sœur et mon beau-frère m'hébergent à leur domicile pendant un mois afin de soulager mon entourage. À peine suis-je entré porté sur une chaise dans l'immeuble où ils habitent que le concierge se précipite : « Ne bougez pas, monsieur Maury, ne bougez pas ! » Cela ne risque pas d'arriver. Cet homme, d'allure et de taille modestes, est en sympathie avec moi depuis que je l'ai trouvé par hasard dans une situation valorisante lorsque, étudiant valide, j'habitais chez ma sœur. Il avait une épouse très autoritaire qui lui laissait peu d'initiatives. En rentrant un soir, je vois par la porte entrouverte Madame perchée sur une chaise et poussant des petits cris d'effroi tandis que son mari armé d'un balai poursuit courageusement une souris. Pour une fois, il a été vu dans un rôle dominant. Il m'en garde de la reconnaissance.

Installé dans mon lit, transporté chez ma sœur, je lis le premier soir *L'espoir* d'André Malraux. Je ne peux retenir des larmes. À coup sûr, je pleure sur mon sort beaucoup plus que sur celui des républicains espagnols.

5

« Groucho : Allons, Ravelli, marchez un peu plus vite.
Chico : Pourquoi tant de hâte, chef, on ne va nulle part.
Groucho : Dans ce cas, courons et finissons-en. »

(Les Marx Brothers)

Lorsque pour les vacances d'été mes parents m'accueillent en Normandie, deux ans après mon accident, je suis encore un malade très faible. Ma mère qui ne m'a pas revu depuis sanglote en m'embrassant : « Mon petit, mon petit... » Ma mère est une femme au foyer qui ne vit que pour les siens, elle fait quelques promenades, mais ne voyage pas. À soixante-douze ans, elle est très fatiguée et nous quittera quelques mois plus tard.

Mes journées se passent dans la cour devant la maison, installé sur un lit pour mettre les escarres à l'air. Je vois d'un côté la maison entourée d'une palissade que je franchissais d'un saut, une carafe pleine à la main, en revenant de la cave. De l'autre, c'est la grande porte et le mur du garage sur lesquels je m'entraînais dans d'interminables reprises du ballon, chaussures de foot aux pieds. Le cadre de mon enfance m'impose constamment ces souvenirs de jours heureux. Un copain de collège vient me voir tous les jours avec sa charmante amie. Et Paule arrive chaque fin de semaine avec sa tendresse et les nouvelles de la vie familiale.

L'année suivante, chez mes parents, un voisin aménage un box pour que je puisse me déplacer entre deux cordes tendues d'un mur à l'autre. Je me lance ensuite sur l'herbe, avec l'aide de cannes adaptées avec un gros embout et un élastique au bras pour les tenir malgré la faiblesse des mains. Je tombe bien sûr de temps en temps, mais j'apprécie aussi d'être allongé sur cette herbe qui exhale les senteurs de ma jeunesse.

Pendant vingt-cinq ans, je peux marcher ainsi, avec une autonomie de quelques dizaines de mètres. Moralement, cette reconquête de la station debout et de la marche est extrêmement importante, et le bénéfice physiologique indéniable, même pour qui ne reste que quelques instants en position verticale. On appuie sur les os, les muscles se contractent. Tout cela procure un bien-être. Et jusqu'à ce que je finisse par passer mon temps assis dans un fauteuil ou allongé, je me suis fait mettre debout une fois par jour, ne serait-ce que quelques secondes, tant que j'ai pu tenir.

Dans *Intermezzo*, Giraudoux écrit que « Dieu a mis l'homme debout pour le protéger de la pluie et lui permettre de porter des décorations ». Il existe sans doute quelques autres menues raisons.

Si, dans les premiers mois après l'accident ou la maladie causale, on demandait à tous les paraplégiques ce qu'ils souhaitent en premier, il est probable que la très grande majorité répondrait : marcher. On peut se demander pourquoi, alors que le contrôle de la vessie et de l'intestin, de la fonction génito-sexuelle a une importance considérable dans la vie affective et sociale, dans la protection de sa dignité. Mais dans une société où l'apparence compte beaucoup, la paralysie c'est ce qui se voit. Et le fauteuil roulant stigmatise l'anormalité.

Pourquoi la marche apparaît-elle si importante ? C'est d'abord que l'alternance d'activité et de repos est un des rythmes fondamentaux de la vie humaine et que la marche occupe une grande place dans l'activité. Le besoin de mouvement est inné, et la marche le moyen de locomotion le plus utilisé. Depuis l'avènement de l'*homo erectus* il y a plus de cinq cent mille ans, l'évolution phylogénique l'a programmé pour une marche bipède. Et la marche satisfait l'instinct de conformité sociale. Le fait d'être remis debout « comme avant », d'être pour un moment à hauteur de ses interlocuteurs, est très apprécié.

En exemptant le cerveau de tout contrôle, la marche en pilotage automatique, de loin la plus fréquente, semble apporter apaisement et facilitation de la réflexion. C'est le conférencier qui parle en marchant, c'est l'écrivain qui va se dégourdir les jambes pour retrouver l'inspiration. Et quel plus bel exemple que celui d'Aristote qui philosophait en marchant avec ses disciples et qui nous a légué la bonne habitude de la pluridisciplinarité et le terme de « péripatéticienne » (περιπατητικη).

L'homme nourrissait un vieux rêve, celui de voler. Il l'a réalisé, il n'y a pas si longtemps. Pourquoi le paraplégique ne rêverait-il pas qu'il va remarcher ? Les soignants n'ont vocation ni à détruire ni à entretenir cet espoir. Il faut seulement garder à l'esprit que si l'espoir peut aider à vivre, l'espérance ne doit pas empêcher de vivre, c'est-à-dire d'être actif.

La recherche de ma guérison ou au moins d'une amélioration importante de mon état amène ma famille à explorer des voies hors de la médecine traditionnelle. Un guérisseur vient faire des passes et, sûr de son talent, affirme : « Vous remarcherez demain. » Je n'en crois pas un mot. Il soutire quelques billets à ma famille, c'est le seul résultat.

Un acupuncteur, très sympathique, est également invité à mon chevet. Les soins pratiqués n'ont aucun effet. J'accepte volontiers ces traitements, bien que tout cela me laisse perplexe. Mes proches envoient même une mèche de mes cheveux à ce qu'il faut bien nommer un charlatan. Nous nous accrochons à tout ce qui peut représenter un espoir, même si cela n'est guère raisonné, ni raisonnable.

Le pèlerinage à Lourdes s'inscrit dans la même logique. Comme un très grand nombre de malades et de blessés, je fais le voyage avec espoir, même s'il est infime. L'immersion dans l'eau froide est la conclusion du rituel religieux, après une grande messe qui rassemble tout le monde. Le plus émouvant est la procession aux flambeaux en chantant l'*Ave Maria*. Les soirées sont favorables aux rencontres, aux discussions. J'y retrouve par hasard Yann de Chevigny, dont le père a dirigé le Haras du Pin. Nous avions été premiers ex-aequo à l'examen de la première communion, lui parce qu'il était le fils du directeur, moi parce que j'avais copié sur mon catéchisme inséré entre mes genoux et le banc sur lesquels nous écrivions. L'amitié que je noue à Lourdes avec un autre handicapé sera durable. Aller à Lourdes constitue une étape dans le parcours qui permet d'éprouver, une à une, les diverses hypothèses de guérison.

Ai-je la foi en Dieu ? Je ne le pense pas. Pourtant lors de la première année où je passe des vacances chez mes parents, le curé du village vient chaque jour me donner la communion. Mes parents n'ayant jamais été croyants, je me demande encore qui a pu mettre en route ce rituel quotidien qui a reçu mon consentement. On prête ce mot à l'abbé Mugnier, homme d'esprit qui au XXᵉ siècle fréquentait beaucoup les salons : « Il n'avait pas assez de santé pour être païen. »

Avec le recul des années, je comprends toutes ces initiatives comme autant de signes positifs qui montraient que nous tous, famille, amis, nous refusions de nous résigner.

Une des idées fortes de Sartre, reprise aux stoïciens, est que notre liberté ne peut pas toujours consister à changer une situation que le destin nous impose, mais à lui donner un sens par la manière dont nous l'assumons.

6

« Je ne puis me servir de mes tremblantes mains
Elles ont la fureur d'une bête blessée
Entre mes doigts crispés de n'être pas humains
Se plisse la blancheur de la nappe froissée »

(Jean Courbeyre)

Que vais-je devenir ? J'ai acquis deux années de médecine et je ne me vois pas vraiment changer d'orientation. D'ailleurs que pourrais-je faire ? Alors je reprends le chemin de la Faculté.

Après le baccalauréat, ma première idée avait été d'entrer à l'École vétérinaire de Maisons-Alfort et de me consacrer aux chevaux. Cela n'était pas un hasard puisque j'avais passé mon enfance et mon adolescence au Haras du Pin, dans l'Orne, où mon père dirigeait les équipes de palefreniers. J'aimais le cheval, je l'ai souvent monté. Faute de m'être suffisamment préparé, j'ai échoué au concours d'entrée.

Peu de temps après, je me suis orienté vers la médecine. À défaut de soigner les chevaux, je pourrais peut-être soigner les hommes ? À l'époque, dès les premières années d'études, les stagiaires étaient au contact des patients. Cela me convenait parfaitement. En première année, alors que j'assistais à une amputation de jambe pour une tumeur du genou, l'infirmière m'a demandé d'aller porter la jambe au laboratoire. J'ai donc parcouru une centaine de mètres avec le précieux paquet dans les bras. J'étais un peu ému, mais finalement assez fier que l'on m'ait confié cette mission.

La médecine me plaisait aussi par l'ambiance hospitalière. Chez le professeur de Gennes, où j'avais été en stage, un jeune interne, Moleau, fils de patron et plutôt prétentieux, fait au cours de la visite une remarque déplacée, uniquement pour se faire valoir. Le chef de clinique, Bridet, ne le rate pas : « Tu es bien con comme un fils de patron », lui envoie-t-il. Dans une chambre à deux lits, de Gennes ausculte une malade et dit à son assistant, resté dans le couloir : « C'est un rétrécissement mitral typique. » L'assistant pénètre dans la chambre, et se met à ausculter la malade qui occupait l'autre lit et était atteinte d'une tout autre maladie. « Oui, oui, en effet », acquiesce l'assistant. J'ai appris là qu'en médecine un brin de scepticisme ne nuit pas.

En deuxième année, j'avais assuré un remplacement dans un hôpital parisien, à la consultation de petite chirurgie. Je trouvais de réelles satisfactions à inciser des panaris et à faire des sutures. Ce qui était moins agréable, c'était de pratiquer des anesthésies au masque. On respirait de l'éther, le malade toussait, le chirurgien râlait. C'était un mauvais moment à passer. Autopsier seul une belle jeune femme emportée par une tuberculose pulmonaire m'a remué. Je l'avais remarquée dans son lit quinze jours plus tôt. Un tel apprentissage permet de vérifier assez vite si l'on est apte à s'engager dans cette voie.

Après trois années d'interruption, la reprise des études est très difficile. Sur le plan intellectuel, je n'ai plus l'habitude de soutenir des efforts prolongés et, physiquement, je me fatigue très vite. Il faut que je trouve un rythme de travail compatible avec ma santé et les études que je veux achever.

Installé dans mon vélocimane, un engin sur trois roues, je parcours les rues de Paris poussé par un copain pour rejoindre les lieux de cours et de stages, du moins ceux qui sont indispensables. Une seule fois, je vais en voiture passer un examen de stage à l'hôpital Lariboisière. C'est une équipée inoubliable. Un de mes copains, interne à l'hôpital Saint-Joseph, aussi original que sympathique, possède un vieux cabriolet et propose de me conduire. Je ne vois pas bien comment peut être transporté mon indispensable et encombrant vélocimane. Mais mon copain ne manque pas d'idées. D'ailleurs, il dit volontiers : « Le gars a une idée. » Le gars, c'est lui. Il préfère cette expression à la troisième personne plutôt qu'à la première.

Donc, à l'aller, le gars a comme idée d'installer mon engin en travers du capot de son cabriolet et de le tenir de la main gauche passée par la portière, tandis qu'il conduit de la main droite. Mais la visibilité est gênée, l'engin glisse et manque de s'échapper à plusieurs reprises. L'expédition s'avère périlleuse.

Si bien que, pour le retour, le gars a une autre idée : il attache derrière son cabriolet mon vélocimane le nez en l'air et ne portant que sur ses deux roues arrière. Il y a bien sûr du ballant et le gars se demande comment se comporte son installation quand la voiture roule. Alors, pendant qu'elle avance dans la descente qui sépare l'hôpital Lariboisière du boulevard Magenta, il saute du cabriolet en marche et va examiner l'installation. Resté seule dans la voiture qui prend de la vitesse, je considère les différents leviers en me demandant comment et dans quel ordre je vais pouvoir les actionner pour arrêter avant d'arriver au boulevard. Mais mon copain court après la voiture et parvient enfin à remonter, juste à temps. « Le gars est content, ça tient », me dit-il.

À cette époque, les appariteurs de la faculté ont beaucoup de pouvoir et vous évitent facilement des présences... et des déplacements.

Le premier examen de troisième année que je passe est celui de clinique chirurgicale. Le professeur Merle d'Aubigné m'interroge sur les fractures du calcanéum. Je ne sais pratiquement rien sur le sujet. Après avoir brièvement délibéré avec ses collègues, il m'attribue un 2 sur 20. Consterné, je lui précise que je sors à peine d'un parcours extrêmement difficile, j'ai même en ce moment encore une petite escarre. Immédiatement, il me rétorque : « Mais vous avez plus de temps que les autres pour travailler. »

Je mets quelques jours à me remettre de ces propos, mais je pense qu'ils m'ont été très utiles pour la suite. Il ne faut jamais arguer d'un handicap pour solliciter la pitié ou l'indulgence. Merle d'Aubigné m'a rendu un grand service, même si la leçon a été particulièrement douloureuse.

Mon apprentissage d'étudiant handicapé n'est pas pour autant terminé. Lors d'une démarche auprès d'un chef de service pour obtenir la validation d'un stage, les deux chefs de clinique présents à l'entretien saisissent mes mains posées sur le volant de mon vélocimane et commentent sans aucune gêne ce qu'ils découvrent :

« Tu vois ça, c'est une main de singe assez typique.

– Ah non ! rétorque immédiatement l'autre, il y a là un petit relief qui fait penser à une tumeur dorsale du carpe. »

Ils poursuivent leur échange sans me dire un mot, comme s'ils étaient en dissection sur un cadavre. Quand la séance se termine, Claude, l'ami qui m'accompagne, est pris d'une grande colère, les qualifie d'inhumains et de toutes sortes de noms d'oiseaux. Il a raison. Mais finalement, ces attitudes détestables ne me font pas grande impression. Elles me vaccinent.

Si les mêmes faits se reproduisaient aujourd'hui, j'interviendrais ; je retirerais mes mains et rappellerais tout simplement qu'un être humain n'est pas un animal. Espérant peut-être informer ces chefs de clinique, je répéterais ce que j'ai pu dire dans une conférence lors d'un congrès : « La main est un organe sensoriel à part. Les autres sens reçoivent la sensation : l'œil, la lumière ; l'oreille, le son ; alors que la main, elle, va la chercher. Seul de tous les sens, le toucher est volontaire. Les quatre autres sens proposent un monde, la main se donne le monde. Qui plus est, en touchant, elle se sent elle-même, comme elle sent les choses ; en un court instant, l'œil voit formes et couleurs à la fois ; dans ce même instant, la main sent et sait ce qui est *alter* et ce qui est *ego*. Ce pouvoir de référence à soi-même et de distinction de soi-même que possède la main est, avec la possibilité de prendre en opposant presque face à face les dernières phalanges du pouce et de l'index, une des spécificités qui marquent la distance de l'animal à l'homme. »

De mes deux mains, seule la droite a quelques faibles possibilités motrices au niveau du pouce et de l'index. Et grâce à une sensibilité à peu près conservée, elle a pu écrire, caresser, s'informer, palper, serrer d'autres mains... Quand c'est nécessaire, la gauche vient lui prêter main forte, si j'ose dire, sous forme d'un appui passif. Prendre un verre plein et trop lourd pour une main devient possible avec les deux. Je les aime bien, mes mains.

7

« L'essentiel, ce sont les gens. Rien qu'eux, les gens »

(Kafka)

Pendant plusieurs années, les regards des autres me gênent. Ils mettent mal à l'aise, vous êtes un objet de curiosité. Alors que je travaille à l'hôpital de Garches, une collègue attachée du service, qui demeure à quelques centaines de mètres de mon domicile, m'emmène chaque matin dans son véhicule. Un jour, alors que je l'attends adossé au mur de l'immeuble, appuyé sur mes cannes, une personne bien mise traverse la rue avec l'intention visible de me donner l'aumône. Nos regards se croisent, elle s'aperçoit de sa méprise. Aujourd'hui encore, je conserve de ce court instant une sensation un peu humiliante.

Mais j'avais moi aussi un regard sur les autres, que j'essayais d'exprimer en quelques vers :

Les gens du monde

Gens qui rient,
Gens qui pleurent,
Gens qui crient
Et qui se leurrent,
Gens qui prient,
Gens qui meurent,
J'en passe et des meilleures.

La gêne ressentie devant l'insistance des regards démontre que l'on n'est pas très bien adapté à sa situation d'handicapé. Dès lors que l'on est soi-même, on s'en moque. Au cours d'un voyage en Grèce, avec Paule, à chaque fois que je monte en voiture dans une ville ou un village, un petit attroupement se forme. J'ai une bonne quarantaine d'années, j'ai déjà fait un bout de chemin et cela ne me gêne plus. Quelques années plus tôt, je pouvais être agacé par les regards. Lors de mes fréquentes promenades en vélocimane avec la famille dans le jardin du Luxembourg, je voyais des gens m'observer à la dérobée ou changer de parcours pour ne pas me croiser. J'étais avec ma petite fille qui marchait à côté de moi ou qui s'installait sur mes genoux. Nous formions un petit cortège qui ne passait pas inaperçu au milieu d'un public gêné.

Pendant toute une période, une de mes réactions de défense est de fixer les gens du regard, pour leur faire comprendre que le leur est déplacé. Que traduit-il ? Compassion ? Simple curiosité ? Je le ressens surtout comme une intrusion. Il est parfois accompagné de questions déplacées. Maintenant je sais que la meilleure attitude est de sourire ou mieux de n'y prêter aucune attention.

Je sais aussi que toute société est riche de ses différences et que la tolérance est une grande vertu.

En Normandie, chez mes parents, une vague connaissance s'empresse auprès de moi et me demande d'emblée : « Comment ça va sur le plan sexuel ? » Je lui réponds : « Pas mal et vous ? »

D'autres, mal à l'aise et maladroits, s'inquiètent de mes capacités à retrouver la marche : « Ça va guérir, au moins ? », ou : « On vous a dit si vous remarcherez bientôt ? »

Dans *Coude à coude*, le journal des patients et anciens de mon service, un ancien raconte avec humour les échanges avec des amis et les connaissances rencontrées après son retour chez lui : « Oui, mon vieux, j'ai été opéré d'une appendicite, mais alors une appendicite du tonnerre, même que le chirurgien, un as pourtant, croyait bien... » Il y a ceux qui savent, les énergiques : « Avec de la volonté et en marchant un peu plus chaque jour, ça reviendra ! » Une autre catégorie, bien sympathique mais dangereuse, ce sont ceux dont le cousin de la sœur de leur propre frère de lait a été soigné par un rebouteux de Plougastel-Daoulas, un type formidable qui ne compte plus ses miracles : « Vous devriez essayer... » Vous aurez aussi à affronter le champion de la volonté, celui qui a eu une entorse – et tout le monde sait quelle terrible souffrance cela représente – et qui, à force de volonté opiniâtre, a réussi à mettre au bout de deux mois un pied par terre ! Il vous dira sans sourire que si vous ne marchez pas, c'est que vous ne le voulez pas. Répondez-lui que son enseignement a du bon et vous le prouvez en faisant un gros effort de volonté pour ne pas lui envoyer votre cendrier à la tête. Combien je préfère ceux qui se contentent de venir me serrer la main en me disant que « décidément nous n'aurons pas d'été cette année » et que « la récolte des mirabelles sera plutôt maigre ».

La plupart des hommes s'attendrissent ou s'apitoient devant un animal paralysé ; mais devant un de leurs semblables, n'est-ce pas la peur qui domine ? L'homme valide redoute d'affronter le handicap. Comme dans un miroir, il voit cet autre qui pourrait être lui-même et qui s'écarte de la norme. Le handicap dérange, il met mal à l'aise. Je me souviens qu'avant l'accident, je ressentais une gêne quand je croisais assez régulièrement une élégante et belle jeune femme qui avait une jambe raide munie d'un pilon. Il y avait à mes yeux une erreur dans le tableau, un désordre esthétique et une injustice.

Un certain regard

Tout peut être dans un regard
Amour, haine, indifférence.
J'aime bien le vôtre car
Je n'y vois pas ma différence.
M. M., 1949.

On m'a souvent demandé ce qu'il fallait faire pour être mieux à l'aise avec les personnes handicapées : « Commencez par leur demander un renseignement, votre chemin dans la rue par exemple. » Elles seront heureuses d'aider, de ne pas être ignorées et plutôt valorisées. Mais il est très rare que l'on demande un renseignement à une personne handicapée, tout se passe comme si le fauteuil roulant vous empêchait de répondre avec pertinence.

Il existe une dénivellation entre la personne qui est debout et celle qui est en fauteuil. Cette asymétrie relationnelle engendre souvent des attitudes où la personne handicapée est considérée, inconsciemment, comme un inférieur. Quand vous êtes installé dans votre fauteuil accompagné d'une personne valide, on ne s'adresse pas à vous, mais à celle qui est derrière vous ou à côté de vous, à la bonne hauteur, au bon niveau. Seuls les gens très habitués s'accroupissent pour que les regards se croisent dans un plan horizontal.

L'asymétrie relationnelle a tendance à introduire ou à renforcer un rapport d'infériorité. Pendant des siècles, c'est du haut de son cheval que le riche s'est adressé au pauvre, signifiant ainsi l'écart entre leurs positions respectives. Cette situation, je l'ai vécue pendant ma jeunesse au Haras du Pin. Dans la cour, devant la maison familiale, mon père, alors retraité, et moi avons vu apparaître sur leurs chevaux le baron, directeur du haras, et son fils, un godelureau de mon âge. En restant sur sa monture et avec une gentillesse condescendante, le baron venait demander à Maury si son fils avait réussi le baccalauréat. Mon père a certainement été très fier d'annoncer mon succès, mais je n'ai jamais oublié la gêne ressentie en le voyant obligé de regarder vers le haut pour converser avec le baron à cheval.

Ce sentiment d'infériorité vécu à l'âge de dix-huit ans, je l'ai ressenti de nouveau lorsque j'ai été astreint à vivre en fauteuil roulant. Il m'a quitté quand j'ai obtenu le titre de docteur en médecine, mais je n'ai jamais apprécié quand un non-médecin, un directeur de l'administration de tutelle par exemple, m'appelait par mon nom de famille. Il fallait me donner du « docteur » ou m'appeler Marc, et j'en faisais autant. Le titre m'a apporté la reconnaissance sociale, rendu ma dignité et redonné confiance.

Cette confiance est quelquefois allée jusqu'à l'orgueil. Nous sommes en 1966, je suis médecin chef d'un service intégré dans l'hôpital de Fontainebleau, j'ai quarante-trois ans. Invité à une réception au cercle François-Ier, haut lieu de la gent hippique bellifontaine, je rencontre un sympathique curé un peu larmoyant qui s'extasie devant mon courage d'être venu. Je ne peux résister au plaisir de lui dire que, le matin même, j'assistais à un congrès qui s'était tenu à Bordeaux et que, trois jours auparavant, invité en tant qu'expert à la Communauté européenne du charbon et de l'acier, j'avais dans la journée effectué l'aller-retour Fontainebleau-Luxembourg.

Lors de cette première visite à Luxembourg en tant que directeur d'un projet de recherche financé par la Communauté européenne du charbon et de l'acier, l'aéroport de Luxembourg, alors peu fréquenté, a une allure très provinciale. Lorsque le Fokker qui me transporte s'est immobilisé, j'aperçois par les hublots une impressionnante limousine noire à six portes. Comme je suis à la queue de l'avion, que la sortie est à l'arrière et que je dois attendre des aides pour me porter, je me distrais à regarder les passagers défiler un par un, essayant d'identifier le personnage important qu'attend le chauffeur de la limousine. Mais celle-ci est encore inoccupée lorsqu'une dame se présente. Elle est assistante sociale à la Communauté européenne et m'attend avec une voiture. La limousine est pour moi !

À l'inverse, j'affronte des attitudes de rejet, d'exclusion. Notre fille a déjà huit ans quand, à Saint-Paul-de-Vence, à la vue du fauteuil roulant, un restaurateur me refuse l'entrée de son établissement, avec ces mots : « Nous sommes fermés depuis une heure. » J'attends quelques minutes et je m'aperçois que les clients continuent d'entrer dans le restaurant.

À Cavalière, le directeur d'un grand hôtel qui se réserve l'usage de la plage où je me suis installé dans un fauteuil, nous invite à nous éloigner pour ne pas gêner les clients. Nous sommes jeunes et n'osons pas protester. Je cède et je pars un peu plus loin. Nous ressentons une vive blessure à chaque incident de ce genre. Quelques années plus tard, je serais resté sur place et aurais refusé de me soumettre.

Beaucoup plus tard, je me trouve dans une curieuse situation. Alors que je vais rendre visite à un ami médecin dans un hôpital parisien, mon accompagnateur gare la voiture dans une allée, puis me transfère dans mon fauteuil. Craignant sans doute que nous restions là à demeure, un préposé à quelque chose interpelle mon accompagnateur : « Il gêne ici, mettez-le ailleurs. » Les pronoms « il », « le », sont à la fois personnels et indéfinis, et le singulier me trouble. Sujet et objet sont-ils confondus ? S'agit-il du fauteuil, ou est-ce moi qui suis « objétisé » ? Je ne l'ai jamais su. Mon accompagnateur a bien voulu se débrouiller avec l'homme. Je n'avais pas de temps à perdre.

Sur le chemin du retour, une lecture me revient en mémoire, le récit original d'un garçon paralysé qui, en fauteuil, avait accompli en stop un long périple aux États-Unis. Il avait « humanisé » son fauteuil en lui donnant un prénom féminin, Jacqueline je crois, et toute sa narration était à la première personne du pluriel : « Nous fûmes accueillis, Jacqueline et moi... » Je décide alors de donner à mon propre fauteuil le nom de « Rossinante », la monture de Don Quichotte.

Certes, sur le plan social, la prévention des situations infériorisantes passe par l'éducation de tous au respect de l'autre. Il revient pourtant aussi aux personnes handicapées de ne pas se laisser envahir par ce sentiment d'infériorité. Le développement des capacités physiques, intellectuelles, les études, l'apprentissage, sont des moyens pour se prouver et prouver que l'on peut arriver à quelque chose. Bâtir une vie professionnelle, fonder une famille, s'épanouir par le sport ou l'art, conduire une automobile et bien d'autres activités sociales et culturelles concrétisent une volonté d'être autonome, de vivre avec son handicap, de compenser les éventuelles frustrations. La présentation compte aussi, une tenue propre et correcte traduit le respect de soi-même, l'apparence vient ici appuyer la dignité. Quels que soient les talents, les capacités, tout ce qui valorise une personne met en échec le sentiment d'infériorité.

Le paralysé ne doit pas sous-estimer ses capacités. Si l'on m'avait demandé ce que je pouvais faire quand j'étais à plat ventre, sans une hésitation j'aurais répondu : « Rien. » Et pourtant !

Au cours d'un voyage à l'étranger, nous venons Paule et moi de nous installer dans notre chambre. Je suis allongé sur mon lit tandis que Paule, très fatiguée par une vaccination trop récente contre le choléra, se prépare dans la salle de bains pour le dîner. Tout à coup j'entends un choc sur le carrelage. J'appelle Paule. Pas de réponse. Je cherche le téléphone du regard. Il est entre les deux lits sur la table de nuit, inaccessible pour moi. Que faire ? Je me laisse choir du lit, sur le ventre, et parviens en quelques minutes à ramper jusqu'à la table de chevet. Je tire sur le fil, l'appareil tombe et je peux appeler le réceptionniste. Il accourt et j'ai quelques difficultés à lui faire comprendre que l'urgence n'est pas pour moi mais pour ma femme, gisant dans la salle de bains. L'hôtel fait appel à un collègue étranger, efficace et charmant. Après coup, je me dis que le spectacle de deux corps étendus sur le sol d'une chambre a dû être source de tension pour les responsables hôteliers.

La leçon à tirer de cet épisode est simple : le handicap, c'est d'abord l'idée qu'on s'en fait. « On », c'est à la fois celui qui le porte et ceux qui le voient.

8

« Heureux l'homme dont la présence ou même le seul fait de penser à lui rend meilleur »

(Sénèque)

Pour construire mon avenir, je cherche quelque temps ma voie. Pendant deux mois, je fréquente l'Institut Fournier et obtiens un certificat de sérologie, alors seul indispensable pour tenir un laboratoire d'analyses. Mais, très rapidement, je constate que c'est incompatible avec l'atteinte de mes mains. Les diverses manipulations me posent trop de problèmes.

Ma thèse, que je soutiens en juillet 1950 pour obtenir le doctorat de médecine, a pour titre « Le traitement et la réadaptation des paraplégiques par traumatisme médullaire ». Aujourd'hui, lorsque je la relis, je souris à certains passages. Mais je n'en rougis pas.

Dans l'introduction, je fais le constat qu'il n'existe pas encore en France « un seul centre officiel de rééducation pour adultes paralysés ». L'Angleterre et les États-Unis ont, eux, un savoir-faire dans le domaine des soins et de la réadaptation et je propose que l'on dégage des enseignements de leur expérience.

L'objectif de la réadaptation est de préparer autant que possible le « retour à une vie normale ». Ce projet ne peut prendre forme qu'avec la création d'établissements dotés d'un personnel médical et paramédical spécialisé travaillant en équipe. Ce qui manque à la France, c'est d'abord une législation qui ne soit plus seulement orientée vers l'idée de rente ou de pension, mais aussi vers la rééducation professionnelle et vers une véritable politique de l'emploi.

Sur le conseil du service d'orientation de l'Association des paralysés de France, j'ai entrepris la rédaction d'un petit mémoire sur l'orientation professionnelle des enfants paralysés. Ce travail, dont je ne vois pas au prime abord la finalité, va produire des effets tout à fait inattendus sur la suite de ma carrière. Mes propositions concernent l'organisation scolaire pour les enfants paralysés. Je souhaite une intégration et la mise en place de dispositifs adaptés : l'accessibilité aux locaux et aux classes, l'accompagnement individualisé. Il est indispensable de mobiliser les enseignants afin qu'ils acceptent ces enfants et les fassent accepter par les autres. Pour les études universitaires, un référent doit être nommé afin de faciliter la présence de jeunes filles et de jeunes gens handicapés.

Je préconise la mise en place d'une politique de santé publique pour le traitement, la réadaptation, la scolarisation et la formation des enfants et adolescents paralysés. La priorité est de procéder au recensement des paralysés et à celui des moyens existants, puis de créer ou aménager un certain nombre d'établissements scolaires et de formation professionnelle où ils puissent être admis.

Ma voie s'est en fait ébauchée sans que j'en prenne conscience. L'expérience vécue, les moyens de prévention que nous avons imaginés, les lectures faites à la recherche de conseils et pour ma thèse, tout m'oriente vers la médecine de réadaptation.

Lorsque j'apprends l'ouverture du Centre national de traitement des séquelles de poliomyélite à Garches sous la férule du professeur Grossiord, je vais le voir. Un peu froid au premier abord, il accepte sans difficulté que je fréquente son service comme médecin stagiaire. J'y passe donc mes journées entières pendant dix-huit mois. Le bagage que j'y acquiers, la confiance que Grossiord me témoigne peu à peu sont un formidable tremplin pour mon avenir.

Le directeur de l'hôpital, un homme fort sympathique, me dit un jour : « Savez-vous qui j'ai vu hier, dans une réunion au ministère ? Le professeur Debré avec, sous le bras, votre ouvrage sur l'orientation professionnelle des enfants paralysés. » J'en suis d'autant plus flatté que Debré m'avait écrit pour me demander quelques précisions.

Chef d'école incontesté et aimé de ses élèves, Grossiord a été pour moi le maître à penser, celui auquel je me suis souvent référé au cours de ma carrière. Pendant des années, au début de mon exercice à Fontainebleau, je suis fréquemment allé le voir à Garches, tous les mois environ. Nous échangions nos idées, nos découvertes, et bâtissions quelque projet commun ; c'était toujours un encouragement. Sa culture médicale, sa curiosité pour le fait clinique, son sens de l'humain et des nuances, sa disponibilité resteront toujours présents à mon esprit. Neurologue éminent, il avait eu le grand mérite de descendre du piédestal de la neurologie pour prendre en charge, à Garches, le Centre national de traitement de la poliomyélite, puis la chaire de médecine de rééducation.

Lors de mes visites, Grossiord m'invite généralement à déjeuner avec ses assistants. L'ambiance est toujours agréable ; le patron se plaît de temps en temps à taquiner ses assistants tout en disant quelques vérités. Un jour au retour du déjeuner, il lance une discussion sur la couleur de l'âme, attribuant à l'un une âme claire, à l'autre une âme grise... Mais ses remarques, toujours teintées d'humour, ne blessent jamais. L'affection respectueuse que j'ai pour lui n'est jamais mise à l'épreuve, même s'il peut arriver en de rares occasions que nous entrions malgré nous dans le jeu des loyautés incertaines.

Comme nous l'emmenions un jour à Garches parce que sa voiture était accidentée, Paule lui demanda s'il connaissait le promoteur de la rééducation en France. « Non », dit-il en souriant. Il pensait sans doute que c'était lui, et il n'avait pas vraiment tort. « C'est ma mère », dit Paule.

9

« Je viens de je ne sais où,
Je suis je ne sais qui,
Je mourrai je ne sais quand,
Je vais je ne sais où,
Je m'étonne d'être si joyeux »

(Martinus von Biberach)

Alors que je suis à Garches, bien avant ma nomination à Fontainebleau, le Centre international de l'enfance me demande de diriger à l'hôpital une formation de six mois pour des rééducatrices étrangères. Nous sommes en 1952, j'ai trente ans. C'est mon premier travail rémunéré.

Le Centre international de l'enfance occupe dans le bois de Boulogne le château de Longchamp, ancienne résidence du parfumeur Coty. Bien qu'on l'ait aménagé pour son nouvel usage, on n'a pu effacer tous les stigmates du luxe. Dans le grand salon qui donne sur le moulin de Longchamp, une tapisserie de Lurçat aux motifs bucoliques occupe toute une largeur de la pièce. Sa légende est particulièrement bien adaptée au cadre : « Le vrai bonheur est dans la vie simple » !

Lors de la clôture de la session que j'ai animée, alors que la fête bat son plein, je m'esquive discrètement pour verser quelques larmes. J'exprime sans doute le regret de voir s'achever ce cycle dans lequel je me suis beaucoup investi et surtout celui de ne pas pouvoir danser avec « mes » rééducatrices.

Le petit mémoire sur les enfants paralysés va avoir une influence déterminante pour ma carrière. J'en communique un exemplaire au directeur du Centre international de l'enfance. Il l'apprécie sans doute puisqu'il le transmet au professeur Debré qui, intéressé par mes propositions, me demande d'en développer les conclusions. Un peu plus tard, soutenu par quelques amis et relations, je postule pour le poste de médecin chef du service de réadaptation qui va être installé dans l'hôpital de Fontainebleau, géré par la Caisse régionale d'assurance maladie d'Île-de-France. Le professeur Debré préside le jury. Il demande à me rencontrer afin que nous fassions connaissance et aussi, je l'ai su ultérieurement, pour s'assurer de mes capacités physiques et de mon état de santé. L'époque n'est pas encore celle du reclassement des personnes handicapées. Avant d'engager un médecin handicapé, il faut que l'administration se couvre.

Debré me reçoit dans sa magnifique demeure parisienne, rue de l'Université. De son bureau, la vue sur le jardin est apaisante. Il me questionne avec une grande cordialité et, après quelques questions sur ma santé, je lui dis non sans malice : « Excusez-moi, Monsieur, je croyais que vous étiez pédiatre. »

Je lui signifie avec humour mon étonnement de le voir s'intéresser autant à la santé d'un adulte. Il sourit et n'insiste pas. Je pense qu'il a donné son accord pour ma nomination, puisque j'ai été retenu. L'aventure débute. Elle va se révéler passionnante.

En attendant l'ouverture du centre, je fréquente plusieurs consultations et d'abord celle du professeur Thieffry, l'élève préféré de Debré à l'hôpital des Enfants-Malades. Je conserve le souvenir d'un excellent enseignant et d'un clinicien doté de grandes qualités humaines. À l'époque, il est confronté dans son service au manque de poumons d'acier par rapport au grand nombre de jeunes patients atteints d'une poliomyélite respiratoire. Régulièrement, il faut effectuer des choix et enlever un patient d'un poumon d'acier pour en placer un autre. L'alternance organisée en fonction de l'importance et de l'évolution des atteintes est moralement difficile à affronter, car le sevrage peut paraître prématuré.

Inquiet que je suis sur mes compétences et en particulier sur la pauvreté de mes connaissances en médecine générale, je m'en ouvre à Thieffry, qui est membre du comité médical supervisant mon nouveau service. Il me rassure, faisant allusion à ma motivation, et m'encourage.

En fauteuil roulant, on peut ausculter et prendre le pouls entre le pouce et l'index, même quand on a une mauvaise main. Ma « clientèle », je le souligne, n'est pas composée de malades ordinaires ; ce sont des paralysés, qui ont des problèmes pulmonaires, d'atteintes motrices, de sphincters, d'escarres, une physiologie bouleversée à laquelle ils doivent s'adapter, qu'il leur faut apprendre à maîtriser. Quand l'un d'eux présente une complication médicale, mes adjoints et les internes sont là. Et puis, le centre se trouve à l'intérieur d'un hôpital général. Il m'est arrivé à deux reprises, trois peut-être, de demander conseil au médecin chef. Dans les toutes premières années, avant que je ne sois réellement entouré d'une équipe solide, Paule m'a plusieurs fois accompagné. Elle aussi est médecin !

Je fréquente également la consultation d'un attaché d'orthopédie, Pierre Queneau, à Saint-Vincent-de-Paul, un grand clinicien aussi modeste que savant pour qui j'ai toujours gardé une admiration et une profonde amitié. J'apprécie sa grande rigueur intellectuelle et morale. Il fait toujours référence à l'enseignement de ses maîtres et aux travaux de collègues.

Une fois par semaine, je suis à Garches la consultation d'un autre attaché d'orthopédie, Pol Le Cœur. Une figure étonnante. Il a un côté artiste et dessine en même temps des deux mains. Il assure un enseignement à l'École des beaux-arts. Je suis impressionné par ses connaissances en physiologie articulaire et musculaire acquises au contact des poliomyélitiques. Mais il est bon de trier dans les idées qu'il expose, tant elles sont foisonnantes et parfois peu organisées. Il affirme que l'homme est le seul animal qui peut se gratter partout. Des patients sont déroutés quand, par exemple, il leur propose plusieurs interventions en même temps. Cet original a même campé une nuit avec ses enfants sur la pelouse, à l'intérieur de l'hôpital des Enfants-Malades. Il pratique facilement l'humour ; comme un patient lui dit ses difficultés pour monter sur un trottoir, Pol Le Cœur l'invite à prendre exemple sur une jeune femme de sa connaissance qui a fabriqué un demi-trottoir en contre-plaqué, relié à une ficelle. Elle le transporte et le pose à volonté pour franchir en deux temps le trottoir. Le patient stupéfait pose la question attendue : « Elle s'en sert beaucoup ? – Jamais. Chaque fois qu'elle le pose quelqu'un vient le ramasser. »

Pour suivre les travaux d'aménagement de mon futur service, il me faut aller de temps en temps à Fontainebleau. Paul Masse, qui doit assurer la chirurgie orthopédique de nos malades, se propose plusieurs fois de m'y conduire dans sa 2 CV et j'emprunte un fauteuil roulant à l'hôpital de Garches. C'est un modèle « moderne » pour l'époque, la Pavane, non pliant, entièrement métallique. Il faut donc l'arrimer sur le toit avec des cordages. Notre équipage ne passe pas inaperçu.

Mais c'eût été pire avec le vieux fauteuil cannelé que l'on m'avait prêté et qui pouvait être classé dans l'histoire ancestrale de ces véhicules... bien après celui de Philippe II d'Espagne qui souffrait fort de la goutte. Ce fauteuil imaginé en 1595 par un de ses valets, et appelé joliment « chayère de goutte du Roy », permettait déjà tous les changements de position qui soulagent.

Dans la préparation de mon activité prochaine et quotidienne, il me faut penser aussi au moyen de déplacement que j'utiliserai. Je veux être autonome et jusqu'ici seul le vélocimane à trois roues m'a permis quelque autonomie. Mais je ne peux l'actionner qu'en terrain plat et le braquage du volant n'a ni assistance ni démultiplication, ce que j'ai pu constater à mes dépens dans une descente où l'engin s'est renversé. Une voiture conviendrait certes mieux à un médecin pour se rendre à l'hôpital, mais la faiblesse de mes bras et de mes mains me font beaucoup hésiter. Il n'y a pas à cette époque de garagistes spécialisés dans les adaptations pour conduite à main et, d'après mes recherches, seul un certain Ahmed, employé dans un garage du Xe arrondissement, commence à s'intéresser à la question. Je vais le voir. Il pourrait fabriquer et m'installer une tige horizontale sous le volant pour l'accélération et une tige verticale fixée sur le frein à pied.

Reste le choix de la voiture, sur lequel je ne balance pas longtemps. La 2 CV réunit en effet toutes les qualités : embrayage semi-automatique, bonne suspension, vitesse limitée... et elle me plaît. Ahmed l'adapte, j'ajoute pour démarrer une ficelle avec un nœud coulant autour du starter et un autre pour passer la main gauche et tirer avec le poignet.

Il me faut un peu d'espace pour m'entraîner. Je vais donc au bois de Boulogne, accompagné de ma fille Catherine, âgée de sept ans. Lors d'une manœuvre, je suis amené à freiner rapidement avant d'avoir complètement décéléré. La tige verticale du frein accroche la tige horizontale de l'accélérateur et je rentre dans un arbre où la calandre s'encastre. Après cette mésaventure, Ahmed améliore son système en mettant tout simplement un ressort de rappel sur la tige de l'accélérateur et je n'ai plus jamais d'ennuis. Mais les réglages ont été longs et ont obligé plusieurs fois à changer la place du frein. Ces efforts sont largement récompensés. On ne dira jamais assez tout ce que peut apporter l'automobile au paralysé : l'autonomie, la sensation de normalité et de liberté.

Ma « deuche » est docile, elle démarre en seconde et sa boîte supporte très bien que l'on passe les vitesses à l'oreille sans débrayer, en se fiant au bruit du moteur. J'ai apprécié au concours hippique de Fontainebleau une belle jument grise qui sautait très bien et s'appelait Voulette. C'est ainsi que j'appelle ma 2 CV lorsque nous allons tous deux nous promener dans un grand terrain inculte, au sol très irrégulier. Voulette saute très bien les bosses, surtout si je donne un bref coup d'accélérateur avant l'obstacle. Et je l'encourage de la voix.

Les plaisirs qu'elle me donne sont variés : la voir se pencher dans les virages, se cabrer si je freine un peu brusquement, accepter ses caprices lorsque les vitres tombent en claquant ou battent avec le vent. Quand la pluie est dense, j'ai l'impression de braver la tempête avec des essuie-glaces trop lents, l'eau qui entre et me mouille si les vitres ne peuvent être fixées ou ne sont pas étanches, avec le bruit du moteur amplifié par un pot d'échappement toujours percé qui permet de m'identifier à distance. Mais je ne vois que ses qualités, ce qui est habituel lorsqu'on aime. Même la dureté de sa direction est un avantage : quand je pars sur le côté par déséquilibre du tronc, je peux m'accrocher au volant et le tourner en même temps si nécessaire. Je me prends pour un automédon !

Mon record de distance parcourue d'une traite a été 225 kilomètres pour reconduire mon père en Normandie. Quant au record de vitesse, il n'en a jamais été question. La première fois où j'ai pris l'autoroute pour Paris, j'ai interprété à ma façon les panneaux de limitation à 80 km/h et je me suis dit : « 80, je n'y arriverai jamais. »

10

« On ne sait jamais, dans la vie humaine, ce qui est semence et ce qui est poussière, et si ce que nous appelons des catastrophes n'annonce pas des résurrections »

(Jean Guitton, *Un siècle, une vie*)

Médecin rescapé et handicapé, jamais rééduqué, je vais avoir la charge d'une centaine de malades, enfants et adultes. Ils seront installés dans des locaux anciens et inadaptés. Le bâtiment qui héberge les quarante enfants est convenable, sans être parfaitement accueillant ni accessible, tandis que celui réservé aux soixante-quatre adultes a tout pour déplaire : murs extérieurs badigeonnés en noir depuis la guerre, locaux vétustes dont l'exiguïté entraîne une telle promiscuité qu'on a décidé de les réserver au seul sexe masculin, un seul et antique ascenseur pour trois étages. Mais je sais bien que le corps d'un tel bâtiment compte moins que l'âme qu'on lui donnera.

L'architecte chargé des aménagements intérieurs m'invite à déjeuner peu de temps après ma nomination, et ses premiers propos ne sont pas très encourageants : « Cher monsieur, vous êtes jeune et sympathique, je vais vous donner un conseil, ne venez pas dans cette galère, je doute que cet établissement ouvre un jour. »

Il complète sa description de la situation, me précisant que des procès sont en cours entre l'organisme de tutelle et les entreprises. Je lui réponds que je suis sensible à ses conseils, mais que je n'ai pas le choix et que je suis engagé et décidé à mener à bien ce projet.

Quinze mois plus tard, en octobre 1953, le Centre de rééducation motrice (CRM) ouvre, après d'ultimes négociations avec l'administration concernant la capacité d'accueil qui est ramenée de cent vingt à cent quatre lits afin que les patients et le personnel puissent avoir un peu plus d'espace pour travailler et circuler.

Le service reste tout de même très exigu, ce qui a pour conséquences d'entraîner une promiscuité certaine, mais aussi de favoriser la coordination entre les différents soignants.

Le premier objectif est de débarrasser les patients de leur statut de malade pour leur redonner un statut d'homme. Le second, de les informer et de les former pour qu'ils puissent par la suite se prendre suffisamment en charge, à la fois pour éviter des complications et pour avoir une vie familiale et sociale aussi normale que possible. Toujours souhaitable, la participation des familles est indispensable pour les enfants, chez lesquels les besoins affectifs et éducatifs sont prioritaires, sans pour autant oublier l'adaptation des parents et des enfants aux exigences de la prise en charge du handicap.

On dit que le métier des armes consiste à donner et à ne pas recevoir. Dans le mien, à l'inverse, je reçois au moins autant que je donne. Dans une spécialité nouvelle où presque tout est à découvrir, les malades et leurs familles m'apportent et m'apprennent beaucoup, tant sur le plan humain que sur le plan médical. Et j'ai, tout au long de ma carrière professionnelle, toujours beaucoup de chance avec mes collaborateurs.

On se gausse parfois des médecins vacataires qui, dit-on, sont comme les amants, ils viennent à une heure fixe, pour un temps déterminé, avec un objectif précis. Je suis pour ma part parfaitement aidé pendant les quinze premières années par deux médecins vacataires, Charlotte Martin et Paul Masse, neuropédiatre et chirurgien orthopédiste de très grande qualité, qui participent volontiers à « la vie de famille » du service. Je suis très soutenu aussi par le comité médico-administratif qui doit superviser le service et qui se réunit deux ou trois fois par an, au début. Les professeurs Debré, Merle d'Aubigné et Thieffry en font partie et y jouent un grand rôle, à côté du président du conseil d'administration de l'organisme de tutelle, de ses directeur et sous-directeur, et du médecin-conseil régional, le docteur Saint-Martin. Celui-ci a une vocation bien plus administrative que médicale et s'avère être beaucoup plus un obstacle à contourner qu'une aide. Il n'admet pas, par exemple, que mon service puisse publier dans des revues médicales sans son aval. Lorsque je présente cette question au comité médico-administratif, il confirme sa position. Debré fait simplement observer : « Mais, Monsieur de Saint-Martin, nous ne sommes plus au

Moyen Âge ! » Devant cet anoblissement et l'évocation du temps seigneurial, il n'insiste pas. Et le service peut publier plus de deux cents travaux en trente ans ; sur cent quarante-cinq que j'ai signés ou cosignés, quinze m'apparaissent aujourd'hui originaux et intéressants...

Saint-Martin s'était peut-être amusé lorsque, quelques années plus tôt, s'étaient chamaillés à coups de communiqués les deux patrons qui, avec Grossiord, avaient joué un grand rôle dans ma vie : Mollaret pour ma survie, Debré pour mon avenir. Lequel des deux avait découvert le premier la maladie des griffes du chat ? Le résultat le plus amusant de ce débat fut l'organisation, dans la salle de garde de l'hôpital des Enfants-Malades, d'un « tonus » à grand succès, une fête avec costumes et décors iraniens, sur le thème : « Le shah, c'est moi ! »

Après avoir obtenu un premier adjoint, puis un deuxième, je peux bénéficier du concours de plusieurs médecins vacataires. Tous sont d'anciens internes du service dont j'ai apprécié la conscience et l'efficacité.

Mon maître Grossiord avait écrit que l'on entrait en rééducation comme on entrait en religion. Tous ces jeunes lui donnent raison ; ils ont attrapé le virus et sont devenus des temps-pleins dans le service qui a remplacé le mien. Lisant, un jour, sur le mur de la salle de garde d'un grand hôpital : « La vacation a remplacé la vocation », j'en suis très surpris. Celui qui a imaginé cette formule n'a certainement pas connu l'esprit d'équipe qui peut animer un service où tous les médecins et tous les techniciens paramédicaux orientent et stimulent les patients vers un objectif commun. La conquête d'une autonomie maximale, les épreuves sportives, les sorties en ville pour affronter le regard des autres, l'accent mis sur ce qui reste et non sur ce qui manque, les fêtes le plus souvent organisées par un directeur dynamique, l'étude du matériel et des aménagements nécessaires au domicile, tout cela doit concourir à dominer les misères et les frustrations engendrées par le handicap et à préparer le retour dans la famille et dans la société.

L'esprit et l'ambiance du service sont très bons. Tout le personnel a conscience que nous vivons une grande aventure. Les kinésithérapeutes ont consacré une journée à marcher dans les appareils confectionnés pour les malades. L'un de ceux-ci entre souvent en salle de rééducation en lançant un : « Salut, bande d'infirmes ! », tonitruant et roboratif.

L'occupation à tout prix des malades est pour moi une véritable obsession. Deux grands tableaux sont installés, l'un dans mon bureau, l'autre en salle de rééducation. Des punaises de différentes couleurs indiquent pour chaque patient les heures des activités : rééducation, ergothérapie, sport, sorties rééducatives en ville... Un homme des horaires est chargé de vérifier les présences. Et je vais pouvoir, grâce au soutien sans faille des professeurs du Comité médico-administratif, obtenir du personnel en quantité suffisante, au total un peu plus d'une personne et demie par malade.

La motivation de tous est soutenue par le sentiment d'être des pionniers, d'aller à la découverte de pathologies nouvelles. En fait, nous avons le privilège de pouvoir étudier et essayer d'améliorer avec le handicap moteur les troubles qui lui sont associés et qui dépendent de différentes spécialités. Cette vue d'ensemble, qui est la base du principe de réadaptation, permet d'étudier les influences des troubles les uns sur les autres, mais surtout de ne pas oublier qu'il s'agit d'une personne, chez laquelle les aspects familiaux, professionnels, financiers peuvent avoir autant d'importance que les troubles organiques. C'est une médecine de l'homme et non pas seulement une médecine d'organe.

Le sport tient une grande place dans les activités du service. Jean Giraudoux dit qu'« il consiste à déléguer au corps quelques-unes des vertus les plus fortes de l'âme. C'est le contraire de la maladie ». Il peut en effet apporter beaucoup au paralysé. C'est d'abord le moyen évident de lutter contre l'inactivité imposée par le handicap, mais il permet aussi et surtout d'éviter l'installation dans la maladie, de retrouver le goût de l'effort, de prévenir les sentiments d'infériorité, de perte de confiance en soi. Après avoir reconquis la discipline de soi, l'homme handicapé redécouvre l'esprit d'équipe, le sentiment d'avoir à nouveau un rôle.

L'un de nos patients, amputé des deux jambes, a acquis un bon niveau au tir à l'arc. Il y a, à cette époque de l'ORTF, une émission de télévision très populaire, *La tête et les jambes*, où s'affrontent des équipes de deux participants, l'un, « la tête », devant répondre à diverses questions posées, l'autre, « les jambes », essayant de le racheter en cas d'erreur dans la réponse. Poussé par l'équipe de rééducation, notre patient participe et c'est lui, l'amputé, qui représente les jambes. Il se comporte très bien. Il gagne par ailleurs une médaille d'or aux Jeux olympiques des handicapés.

Dans certains sports, les paralysés peuvent lutter avec les valides à armes presque égales. Mais les manifestations les plus spectaculaires sont les matches de basket-ball où les preuves d'adresse et de résistance sont véritablement impressionnantes. Les joueurs handicapés connaissent et pratiquent toutes les finesses et tous les coups du jeu : la passe, la prise de ballon, le dribbling, l'interception, le lancer et même les coups irréguliers qui permettent d'arrêter ou de dévier un fauteuil roulant en pleine course, si l'arbitre n'est pas très vigilant.

Pendant les épreuves, les joueurs oublient leur handicap, le public lui aussi oublie le handicapé pour ne plus voir que le sportif.

Ayant beaucoup pratiqué avant d'être paralysé, je veux, avec quelques collègues et des kinésithérapeutes du service motivés, militer et œuvrer pour le développement du sport chez les personnes handicapées. À la fois dans le service, où le sport est considéré comme activité de rééducation, et à la fédération Handisport dont j'anime le comité médical pendant les vingt premières années. Et je peux personnellement témoigner que jouer au tennis de table avec une raquette attachée à la main apporte avec un peu d'entraînement des joies et des bénéfices que l'on ne peut imaginer. Aujourd'hui, alors que je ne peux plus pratiquer, j'ai gardé un grand intérêt pour le sport et les spectacles qu'il offre. Ayant couru jadis quelques épreuves de demi-fond et de cross, je revis ces moments intenses où la souffrance dans l'effort est stimulée par le rêve de victoire.

Mais quittons la piste pour revenir sur le terrain.

Les consultations à deux médecins, un du service et un des hôpitaux parisiens, sont une « spécialité » de la maison.

Contre cette formule, on peut avancer qu'elle fait perdre du temps, qu'elle exige des caractères très souples, capables de décider ensemble la conduite à tenir... Je n'y vois pour ma part que des avantages : garantie supplémentaire pour nos malades, enrichissement réciproque des médecins du fait de l'association de la vue d'ensemble et de la médecine spécialisée.

Les sous-spécialités qui se développent, telle la neuro-orthopédie, ou qui se révèlent, telles la neuro-urologie, la neurosexologie, intéressent les hospitaliers parisiens, soit par désir d'élargir leurs connaissances, soit parce qu'ils visent un poste de chef de service ou de professeur et que des publications dans un domaine nouveau sont les bienvenues dans leurs listes de travaux. Nous avons donc des consultants motivés et de qualité.

L'un d'eux, Siquier, qui a besoin de publications en vue du professorat qu'il brigue, profite particulièrement de ses années dans mon service comme consultant. Il découvre une sous-spécialité intéressante et peu connue, la neuro-urologie, et m'en est reconnaissant. Il me donne du « Monsieur » comme à son patron parisien ou, s'il m'écrit, du « Maître » et « cher Maître ». Désirant voir enseigner ce qu'il a appris dans le service, il m'emmène chez le doyen du CHU Necker. Celui-ci est d'accord pour que je participe à l'enseignement de la chaire de thérapeutique. Il me propose d'être chargé d'enseignement et, plus tard, professeur associé. Je demande réflexion et, quand Siquier m'en parle la semaine suivante, je lui dis que j'ai bien réfléchi et que je suis déjà trop occupé ; je préfère rester au camp de base et regarder les autres monter.

Quand il est nommé professeur, Siquier nous invite à dîner chez lui, Paule et moi, avec deux de ses anciens patrons, mandarins qui tiennent beaucoup de ficelles dans les concours des hôpitaux. L'un d'eux, le professeur Martin, a la réputation de bien opérer... pour des tarifs exorbitants. Il a dans sa clientèle nombre d'émirs et de roitelets. Au dîner, je me trouve à côté de Mme Martin ; la conversation s'engage sur les maisons de campagne et la difficulté à les entretenir. Pour notre part, nous avons mille cinq cents mètres carrés, c'est largement suffisant. Mme Martin avec ses deux mille cinq cents mètres carrés est quelquefois débordée. Elle m'explique que la salle de bains du premier étage a été payée par la prostate de tel émir, le grand salon aménagé grâce à la vessie d'un autre potentat, le billard et la piscine installés... La plupart des pièces y passent. Au fil de l'inventaire, je commence à comprendre : les mètres carrés de ma voisine sont en parquet alors que les miens sont en herbe. Les Martin possèdent un château !

Je lis dans une revue étrangère que nos collègues d'outre-Atlantique donnent une grande place au psychiatre, premier spécialiste auquel sont présentés les paraplégiques entrants. Cela choque ma mentalité latine. Dans le service, les premières années, le psychiatre qui vient une fois par semaine s'ennuie visiblement. Et surtout il a aux yeux des malades l'étiquette de spécialiste des déprimés, des « dérangés », sinon des fous. Aussi, lorsqu'il nous quitte, je trouve un psychiatre qui est aussi neurologue. L'étiquette est tout autre, c'est le spécialiste du système nerveux, apte à pratiquer des examens neurologiques aussi bien qu'à débrouiller des difficultés d'ordre psychologique ; il est beaucoup mieux accepté.

La passion avec laquelle j'ai épousé la cause de la paraplégie me pousse à la promouvoir et à la faire connaître, ce qui est tout à fait compatible avec le rôle d'un chef de service qui veut stimuler son équipe en provoquant des échanges avec l'extérieur : venue de conférenciers, organisation de rencontres et de journées thématiques, participation à des séminaires et à des congrès, incitation des collaborateurs à présenter des travaux, recherches financées par la Communauté européenne du charbon et de l'acier et, plus tard, adjonction à l'équipe d'un attaché de physiologie de la Faculté. Tout cela paraît maintenant banal, mais à cette époque, dans notre « province » et dans notre spécialité naissante, ce ne l'était pas.

Lors de la première réunion organisée dans le service, trois ans après l'ouverture, nous sommes trois paraplégistes et vingt autres spécialistes intéressés. C'est peu, mais suffisant pour que nous éprouvions le besoin de nous retrouver régulièrement. Les réunions, dont je tiens le calendrier et la liste des participants à jour, se répètent presque chaque année, organisées à tour de rôle par les centres spécialisés. Vingt ans plus tard, nous sommes deux cents parmi lesquels on compte des collègues et amis des pays voisins. Il me semble alors opportun de créer en 1979 l'Association francophone internationale des groupes d'animation de la paraplégie (AFIGAP), toujours bien vivante en 2002.

Dix ans plus tôt, avec Jean-Pierre Archimbaud, chirurgien urologue professeur à Lyon, qui est venu passer une semaine dans le service, nous avons été les initiateurs du Groupe d'études neuro-urologiques de langue française (GENULF), toujours en activité.

Je crois profondément que ma plus grande chance est d'aimer ce que j'ai été pratiquement obligé de faire. À la question : « Comment vous rendez-vous à votre travail ? », notre fille Catherine, qui ne manque pas d'humour et qui participait à une enquête sur les transports parisiens a répondu : « De mauvaise humeur... »

À cette époque, Catherine, qui est aussi médecin, et qui a passé quatre ans de clinicat en cardiopédiatrie et en neuropédiatrie, s'est engagée temporairement dans un poste administratif sans grand intérêt. Quelques années plus tard, elle s'installera comme psychanalyste d'enfants.

Pour ma part, je ne crois pas m'être souvent rendu à l'hôpital de mauvaise humeur.

11

« Je n'aime dans l'Histoire que les anecdotes »

(Prosper Mérimée, préface à
La chronique du règne de Charles IX)

Pendant la Grande Guerre de 1914-1918, l'afflux considérable des blessés par lésion de la moelle épinière a conduit le médecin-major Camus à présenter, le 9 mai 1917, avec Mme Déjerine et son collègue Hugonet, un rapport intitulé « Les grands infirmes par troubles des centres nerveux ». Ce rapport était destiné aux services sanitaires des forces alliées, afin que ces derniers prennent des mesures actives pour traiter correctement les soldats gravement blessés. Ces pages décrivent de façon étonnamment actuelle ce que doit être le traitement des blessés médullaires en quatre chapitres : création de centres spécialisés, soins spécifiques, rééducation fonctionnelle, réadaptation professionnelle. On pourrait certes contester quelques points : les infirmières étaient engagées à se déplacer avec deux seaux, un pour le coton et les pansements très souillés, l'autre pour ceux qui pouvaient être récupérés. On voit que ce n'était pas l'époque de l'hygiène hospitalière, ni celle du matériel à usage unique, de la lutte contre les infections hospitalières dites nosocomiales. Ce rapport n'en reste pas moins un témoin incontournable dans l'histoire du traitement des blessés médullaires.

Aucune suite n'a malheureusement été donnée à ce remarquable travail et le corps médical a continué d'adopter une attitude contemplative. Il a fallu attendre vingt-cinq ans aux États-Unis et en Angleterre et trente-cinq ans en France pour que cette attitude devienne plus positive.

Le docteur Guttmann, neurochirurgien, juif de Silésie réfugié en Angleterre, allait devenir la figure emblématique de la réadaptation des blessés médullaires en Europe. Il avait créé, en 1942, à Stoke-Mandeville, près d'Oxford, dans de vieux bâtiments de la Royal Air Force, un centre de traitement pour les blessés de guerre victimes de lésions médullaires.

Pionnier dans sa discipline, il préconisait l'arrêt de toute chirurgie précoce sur les patients et en particulier de la laminectomie. Cette intervention consistait à ouvrir les vertèbres au niveau de la lésion pour provoquer une décompression de la moelle épinière. Cela ne servait strictement à rien. De surcroît, les blessés opérés formaient d'importantes escarres du fait qu'ils n'étaient pas tournés régulièrement. C'est précisément tout ce que j'avais connu. Ma propre histoire avait commencé dans la période préhistorique du traitement des blessés médullaires. Guttmann en ouvrait la période historique en Europe.

Sur le plan social, Guttmann militait pour la réinsertion des patients et les services sociaux devaient s'assurer de l'adaptation des domiciles.

Guttmann était non seulement un pionnier, mais aussi un remarquable divulgateur qui, inlassablement, voyageait pour répandre ses idées. Il a eu une influence majeure dans le changement d'attitude des soignants à l'égard des blessés médullaires.

En 1949, invité par le ministère des Anciens combattants pour une conférence, Guttmann séjourne quelques jours à Paris. Je le sollicite et il me rend visite à mon domicile. Il ne m'examine pas, mais il m'adresse des encouragements. C'est la première fois que j'entends des propos positifs et éclairés. Ceux-ci ont contribué à me rassurer et à m'ouvrir un horizon professionnel.

Je le retrouve quelques années plus tard, mais cette fois en tant que médecin. En 1952, grâce à une bourse du Centre international de l'enfance, je passe quinze jours dans son service. Un séjour formateur, bénéfique, pendant lequel je peux apprécier le travail qui est conduit et me préparer à diriger le centre de rééducation de Fontainebleau.

Guttmann n'est pas toujours d'un commerce facile. De petite taille, portant des chaussures à talons surélevés, jovial, dynamique, il a une fâcheuse tendance à vouloir dominer ses interlocuteurs. Lors d'une rencontre, je lui demande s'il apprend à tomber aux paraplégiques en cours de rééducation. « Ce n'est pas la peine, me répond-il. Ils tombent tout seuls. »

La question mérite pourtant d'être posée, puisque les patients debout grâce aux grands appareils, risquent lors de chutes de se fracturer les os. Dans mon service, des exercices de réception au sol sont inclus dans le programme de rééducation.

Guttmann tente de déstabiliser celui qui avance des idées nouvelles. Il est alors vivement conseillé de présenter un solide argumentaire pour les soutenir.

En tant que médecin de l'équipe de France des handicapés sportifs, je vais souvent à Stoke-Mandeville où en même temps que les jeux, dits maintenant para-olympiques, a lieu un symposium médical. Mon premier voyage en avion avec l'équipe de France est inoubliable. Dans un Dakota rescapé de la guerre d'Indochine et mis à notre disposition par l'armée, nous sommes assis face à face de chaque côté de la trappe par laquelle sautent les parachutistes. On nous a remis à chacun pour les intolérances digestives un sac qui n'est pas superflu. Mais le moral est au beau fixe, les équipiers chantent, ils ont pris soin d'emporter un quarteau de vin qu'ils ont recouvert d'un drapeau tricolore pour le passer, dans un fauteuil roulant, devant des douaniers indulgents.

En arrivant à Stoke-Mandeville, deux des membres de l'équipe se sont inscrits pour plaisanter à l'épreuve de la boule anglaise. Ils n'ont jamais touché cette grosse boule excentrée percée de deux trous dans lesquels on introduit les doigts pour la lancer. Ils remportent l'épreuve devant les Anglais médusés.

Pour le retour, je fais le voyage seul, mais non sans émotions. Il faut bien une heure pour aller de Stoke-Mandeville à l'aéroport et nous sommes partis un peu en retard. Ce qui n'empêche pas l'assistante sociale qui me convoie de s'arrêter dans une auberge pour le thé qu'elle nous sert dans la voiture. À l'arrivée à l'aéroport, les enregistrements sont terminés ; elle s'explique, trouve une chaise ordinaire sans accoudoir mais à roulettes, m'attache dessus et me pousse en trottinant jusqu'à l'avion qui va partir.

À chaque visite à Stoke-Mandeville, je fréquente les salles de malades, j'essaye de voir comment sont tenus les dossiers des patients, ce qui est un bon critère de qualité pour un service. Les assistants sont toujours réticents à me les montrer. Jusqu'au jour où je rencontre un Français qui fait ses classes. Il a déjà acquis cette touche de supériorité enseignante qui est la marque de la maison. Mais cordial et ouvert, il accepte sans difficulté de me montrer des dossiers. Je peux constater avec plaisir que nous ne sommes pas en retard, nous sommes même en avance dans certains domaines et je reviens à Fontainebleau très regonflé.

Guttmann a créé une revue pour la spécialité, *Paraplegia*, et vient à Paris pour l'annoncer aux trois pionniers que nous sommes en France, Grossiord, Bénassy et moi. Il veut un correspondant éditeur français. Étant des trois le seul à ne pas avoir de titre hospitalier, j'assiste passivement à la discussion. Grossiord et Bénassy se renvoient la balle et moi je suis les échanges, comme à Roland-Garros. Chacun des deux a probablement envie d'être choisi mais ne veut pas le montrer trop vite. La discussion dure trop longtemps pour Guttmann qui, agacé, finit par dire : « Et pourquoi pas Maury ? » Les deux approuvent tandis que, interloqué, je demande à quoi cela m'engage. Guttmann me rassure, il m'expliquera le moment venu. Je suis donc correspondant éditeur de la revue pendant vingt ans et j'attends encore le moment où j'apprendrai pourquoi.

Pendant quelques années, j'envoie régulièrement deux ou trois articles à Guttmann pour la revue. Il les corrige et y apporte même des modifications. Jusqu'au jour où je refuse et exige que soit publié dans son intégralité un article sur la douleur. Il cède sans discussion. Lorsque je le rencontre l'année suivante, il se montre particulièrement aimable. Il vient d'être opéré de la prostate et moi de la vessie. Il a, me dit-il, repris son activité sexuelle trois semaines après et me demande ce qu'il en est pour moi. Je connais ses points faibles et je n'en suis pas surpris. Quand il était venu me voir à la maison en 1949, Paule l'avait reconduit à son hôtel en voiture. Et elle avait été gêné pour conduire, tant son passager avait le genou entreprenant.

Sollicité à l'occasion de sa retraite pour écrire une « appréciation », je raconte que quinze ans plus tôt, alors que je me trouvais dans le service de Guttmann avec une quinzaine de médecins, il m'avait interrogé sur ma santé. Elle était bonne. « Exactement comme je l'avais prédit », s'exclama-t-il. « Cher Sir Ludwig, lui dis-je, on survivrait rien que pour vous faire plaisir et prouver que vous aviez raison. »

Dans cette appréciation, je révèle aussi que nous étions quelques-uns de ses élèves à l'appeler entre nous « papa ». Ce pouvait être le père ou le pape – de la paraplégie – et cette confidence lui fait plaisir.

Malgré le changement d'attitude des médecins envers les blessés médullaires et la création d'établissements de réadaptation, l'idée que la vie avec une tétraplégie ou une paraplégie ne vaut pas la peine d'être vécue a eu la vie dure. Elle persiste encore parfois. Ainsi, un chirurgien, collègue de Paule, lui dit un jour : « Si j'étais paraplégique, je me flinguerais. »

Les exemples abondent. Dans un grand service de neurologie parisien, un malade que nous avions transféré décède faute de soins appropriés à son état ; le chef de service, grand croyant, répond à mon adjoint, venu s'informer : « Mais il est mieux là-haut. » Dans un service de gastro-entérologie, un chirurgien assistant annonce aux médecins présents, en présence du patient tétraplégique mourant : « Il vaut mieux le laisser mourir, ce sera mieux pour lui. » Dans un autre hôpital parisien, un de nos patients décède de complications postopératoires tout à fait spécifiques à la tétraplégie ; je me déplace pour analyser l'observation avec les anesthésistes ; ils me reçoivent, m'écoutent, sans manifester aucun regret de la perte du patient ; le résultat positif de cette pénible histoire est tout de même qu'ils ont pris des dispositions pour assurer des soins postopératoires spécifiques pendant une dizaine de jours afin d'éviter ce genre de complications.

Que penser de ces attitudes défaitistes ? Sous l'angle de l'histoire de la médecine, elles s'expliquent facilement. Mais sur le plan éthique, elles soulèvent une question fondamentale : médecin ou non, a-t-on le droit de décider à la place de quelqu'un que sa vie ne vaut pas la peine d'être vécue ?

Un peu plus tard, quand ces blessés commencent à survivre plus longtemps, une nouvelle attitude des médecins consiste à considérer, devant une complication dans le territoire paralysé telle qu'une déformation ou un excès de mouvements involontaires, que l'on peut tout se permettre en matière de thérapeutique médicale ou chirurgicale. Je voudrais être sûr en tant que médecin d'avoir échappé à cette tendance. Après quelques années d'expérience, nous avons appris qu'il fallait être plus conservateur et savoir utiliser aussi ce qui n'était plus commandé par le cerveau.

12

« Pour atteindre sa vérité, l'homme ne doit pas tenter de dissiper l'ambiguïté de son être, mais au contraire d'accepter de la réaliser »

(Simone de Beauvoir,
Pour une morale de l'ambiguïté)

À l'ouverture de mon service, en octobre 1953, la majorité des patients admis sont des poliomyélitiques. Grâce à l'efficacité de la vaccination, leur nombre diminue progressivement et nous pouvons admettre de plus en plus de blessés de la moelle épinière. Cette orientation, qui nécessite du personnel et des moyens supplémentaires, provoque une réaction inattendue d'un sous-directeur de l'organisme de tutelle : « Vous devenez le dépotoir de l'Assistance publique. »

Il a devant lui un exemplaire d'individu qui aurait dû être destiné au rebut. Le titre de docteur et la fonction de chef de service abolissent en quelque sorte le handicap. Cet homme ne se rend pas compte que je suis moi-même très handicapé ou alors il l'oublie, ce qui est plutôt gratifiant pour moi. Lors d'une discussion à propos d'un patient qui a complètement récupéré, il m'arrive d'entendre un collègue me dire : « Il marche maintenant comme toi et moi. » Je suis alors un médecin comme les autres et ce gommage du handicap m'amuse. En préparant mes voyages, j'utilise mon titre de médecin pour retenir une chambre, annonçant seulement un peu plus tard que je suis handicapé.

Cette ambivalence, j'en use constamment avec mes malades. M'arrive-t-il d'en profiter pour moi-même ? Je n'en suis pas sûr. Une certaine distanciation est nécessaire, en effet, entre le soigné et le soignant et « l'effet médecin » a un rôle dans toute thérapeutique. Je conclus tout de même de mon expérience personnelle de malade que tout le monde peut ou doit écouter le malade, sauf lui-même.

L'ambiguïté naît de l'ambivalence et peut donner des situations distrayantes.

Je regagne mon bureau après la pause du déjeuner lorsque, devant l'ascenseur qui mène à mon bureau et aux chambres du premier étage, je rencontre un jeune homme en fauteuil roulant, nouvellement arrivé. Je le salue et ensemble nous entrons dans la cabine. Certainement un peu inquiet, il commence à me questionner et une brève discussion se noue :

« Il y a longtemps que tu es ici ? me demande-t-il.

– Oui, ça fait pas mal de temps.

– Ah bon ! et comment ça se passe ?

– C'est comme partout, il y a du bon, du moins bon, mais dans l'ensemble ce n'est pas mal.

– Les médecins sont sympas ?

– Ça tu verras, mais moi jusqu'ici, je n'ai pas eu à m'en plaindre. »

Nous nous séparons à l'étage, lui dans son fauteuil roulant, moi déambulant à l'aide de mes deux cannes.

L'après-midi, je retrouve le jeune homme en visite d'admission dans mon bureau. En souriant, je lui dis : « Tu vas pouvoir maintenant te faire une opinion sur les médecins. J'espère que tu t'adapteras assez facilement. »

Nous rions. L'ambiguïté médecin-patient est manifeste.

Cette situation, j'y suis confronté à plusieurs reprises, et c'est avec humour que je l'aborde comme faisant partie de ma vie de personne handicapée et de médecin.

Les patients ne sont pas les seuls à être surpris. À l'hôpital de la Salpêtrière, où je me rends pour participer à la réunion d'un jury, un garçon en blouse blanche me hèle dès que je sors de l'ascenseur, pour m'orienter correctement. Une véritable négociation s'engage :

« Monsieur, il ne faut pas être ici, les malades sont reçus et présentés aux médecins en bas de l'amphithéâtre.

– Mais je ne viens pas pour une présentation.

– Je n'ai pas à vous donner d'explications, il faut que vous ressortiez. Vous êtes ici en haut de l'amphi.

– Écoutez, je suis médecin. »

Il me regarde avec étonnement, pas vraiment convaincu et me dit :

« Et alors ?

– Je viens pour participer aux délibérations du jury présidé par le professeur Mahoudeau. »

L'homme à la blouse blanche change de ton, mais, pour lui, la vision d'un médecin installé dans un fauteuil roulant semble incongrue.

Lors de visites à des collègues dans les services hospitaliers, semblable méprise se produit assez souvent, où l'on me prend pour un patient venant en consultation. En général, l'épisode se règle courtoisement. Mais, à deux ou trois reprises, des surveillantes très autoritaires m'ont dit : « Attendez là quand même. »

Dans la même veine, le service de l'immigration d'un aéroport anglais me fait subir un entretien avec un médecin dès mon arrivée : les fonctionnaires ne veulent pas croire que je viens en tant que médecin. Il faut une heure de discussion et joindre téléphoniquement l'hôpital de Stoke-Mandeville pour apporter la preuve que je suis invité dans cet établissement à titre professionnel. Visiblement, pour eux, il y a une anomalie, une erreur.

S'il est une « ambiguïté-ambivalence » que je n'aurais jamais pensé rencontrer, c'est celle de médecin et de père. Non pas avec ma fille, mais avec un de mes malades. Il est sept heures du soir et je m'apprête à quitter mon bureau. On frappe à la porte. « Entrez ! » Apparaît alors la tête hilare d'un noir africain.

« Bonsoir, monsieur le médecin chef, je suis arrivé aujourd'hui et je viens vous saluer. »

Devant cette politesse inhabituelle à l'hôpital, je lui dis en souriant :

« Bienvenue, nous sommes heureux de vous accueillir.

– Est-ce que je peux vous parler ?

– Il est bien tard déjà, il faudra s'entendre avec ma secrétaire. Mais est-ce que par hasard tu ne serais pas un peu filou ?

– Oh non, monsieur le médecin chef, je ne suis pas filou, je ne suis qu'un con, un pauvre con.

– En général, ceux qui le sont ne le savent pas et par conséquent ne le disent pas. Mais parlons plus sérieusement, tu passeras en visite d'admission demain.

– Bon. J'attendrai. »

Pour notre entretien en tête à tête, Idelphonse – tel est son prénom – arrive avec une valise pleine de copies de lettres de sollicitation envoyées à des parlementaires, ainsi que les réponses reçues. Il y expose sa situation : Idelphonse est membre de la famille royale qui a été chassée du pouvoir dans son pays par les communistes. Il a le titre de prince et pas un kopeck, mais il est courageux et débrouillard. Après quelques mois passés au centre de rééducation pour améliorer sa marche pénible et disgracieuse, il est orienté vers un centre de formation professionnelle où il apprend la comptabilité et où il réussit à être hébergé en échange de petits travaux de plonge et de nettoyage. Il travaille maintenant dans un service hospitalier et se déplace dans une décapotable rouge.

Comment en est-il arrivé à venir à notre domicile à différentes reprises avec quelques cadeaux, à nous appeler papa et maman en nous embrassant, à nous téléphoner régulièrement ? Je n'en sais rien. Cela doit relever de la diplomatie africaine. Et quand, pour régler une succession, il va passer quelques jours dans son pays devenu communiste, il ne m'écrit pas « cher docteur » ou « cher papa », mais... « cher camarade ».

Une ambivalence occasionnelle me révèle à la fois deux pouvoirs, celui de la police et celui de la télévision. Pour renouveler un passeport, je dois remplir des papiers au commissariat. Un obstacle se dresse : je ne sais pas la date de naissance de ma mère et j'ai égaré mon livret de famille. L'agent de police est intraitable et je suis fort ennuyé, car nous devons partir très prochainement en voyage.

C'est là que la providence intervient : l'Association des paralysés de France, sollicitée par Jean-Marie Cavada pour participer à l'émission *La marche du siècle* sur le thème « L'accident et après », m'a demandé quelques semaines plus tôt si je pouvais la représenter. L'émission, retransmise en direct, a lieu le lendemain même. Afin de tester le son, l'opérateur me demande de dire une phrase ; je récite en entier *Le corbeau et le renard* sans qu'on puisse m'arrêter, ce qui fait bien rire l'assistance dans laquelle se trouvent nombre de familiers et d'amis. L'émission est réussie et je reçois de Cavada par courrier ses remerciements et ses sentiments « choisis », ceux qu'il envoie à tous ses invités, je suppose.

Il se trouve que, douze heures plus tard, je me rends de nouveau au commissariat pour mon passeport. Dès qu'il m'aperçoit, l'agent de service, le même, ouvre sa fenêtre (c'est au rez-de-chaussée) et je n'ai même pas besoin de descendre de voiture :

« Docteur, je vous ai vu à la télé hier soir, c'était formidable... Qu'est-ce que je peux faire pour vous ?

– C'est pour mon passeport, il me manque la date de naissance de ma mère.

– C'est quelle décennie à peu près.

– 1880-1890.

– Très bien, on met 1883, je fais porter votre passeport à la préfecture et vous l'aurez demain soir. »

Cela me rappelle les deux règles que j'ai constatées pendant mon exercice professionnel : quand une administration veut rejeter une demande elle trouve toujours une bonne raison ; quand une administration veut accorder quelque chose, elle trouve toujours le moyen, avec ou sans passe-droit.

L'ambiguïté médecin-patient, dont je suis effectivement porteur, n'altère pas mes relations avec les confrères et les soignants. Heureusement. Elle fait partie de ma vie, et je dois dire que j'en joue quelquefois. Mais il m'est arrivé au moins deux fois de me comporter durement envers des malades.

Un élève kinésithérapeute, paraplégique, entré pour deux mois dans le service, me demande au moment de sa sortie si je peux lui donner une attestation de stage de six mois pour gagner du temps dans ses études. Par principe, je ne fais jamais de faux. Me souvenant à la fois de certain stage qui a été validé du fait de mon séjour comme patient à la Salpêtrière et de la leçon reçue lors de la reprise de mes examens, je lui propose de l'interroger dès le lendemain avec le chef kinésithérapeute pour voir s'il a appris quelque chose pendant ces deux mois. Nous lui posons chacun trois questions simples. Il ne sait rien.

Le refus de signer semblable attestation me vaut dans la presse un article incendiaire sur mon service. J'utilise mon droit de réponse.

Nous sommes rencontrés quelques années plus tard et avons déjeuné ensemble comme si rien ne s'était passé. Il a fait carrière dans le journalisme et la politique.

La deuxième occasion se manifeste peu après l'admission d'un jeune tétraplégique. Il a une tumeur osseuse à une hanche, complication connue et bénigne qui gêne beaucoup sa station assise.

« Si vous voulez retrouver une station assise confortable, lui dis-je, il n'y a qu'une solution, c'est d'enlever cet os surnuméraire.

– Qu'est-ce qui provoque ça ?

– Nous sommes nombreux à essayer de comprendre, mais personne n'y est encore arrivé.

– Si je me fais opérer, est-ce que je risque des complications, une récidive ?

– Je préférerais que nous discutions ces problèmes avec le chirurgien. Voulez-vous venir à sa consultation jeudi prochain ?

– Bien sûr, on peut toujours en parler. »

À la consultation avec le chirurgien, l'homme est accompagné de sa femme. Après un examen attentif du patient et de ses radiographies, le chirurgien précise l'indication opératoire et la date possible. Intervient alors l'épouse :

« Mon mari et moi voudrions que l'intervention soit faite par le professeur Dujet. »

C'est moi qui interviens alors :

« Mais ce n'est pas possible en étant ici. Nous avons notre équipe, nos spécialistes.

– Nous avons tout de même le droit de choisir les médecins auxquels nous nous adressons.

– Absolument. Mais quand votre mari est entré ici, un contrat moral s'est établi entre nous. Nous nous sommes engagés à vous soigner au mieux avec les moyens dont nous disposons et vous nous avez fait confiance.

– Nous tenons absolument à ce que ce soit le professeur Dujet qui fasse cette intervention.

– J'ai bien compris, mais c'est un geste de défiance à l'égard de notre chirurgien et par là même de mon service. Et à quoi servirait-il qu'il y ait des spécialistes consultants ici si chaque patient s'adressait ailleurs ? Si vous persistez, je ne vois qu'une solution, c'est que vous quittiez le service.

– Bien. »

Ils partent et je demande discrètement à l'un de mes adjoints de les aider à trouver un autre hébergement.

Ai-je raison en ces deux occasions ? Mon rôle de médecin l'a emporté sur celui de patient. Je ne le regrette pas.

La mère de Philippe Carlot, un adolescent d'une quinzaine d'années entré il y a deux jours, demande à me voir :

« Docteur, il faut que je vous dise combien ma vie est malheureuse. Je me suis mariée jeune, enceinte. J'aimais mon mari et quand Philippe est né, nous avions plein de projets. Philippe était un bel enfant, très gai, très remuant, qui nous donnait beaucoup de joies et qui faisait l'admiration de son père. Au bout de quelques années le père est parti, je suis restée seule avec ma tristesse et mon fils que j'ai beaucoup choyé. Il a une bonne éducation et il n'a pas revu son père. C'est affreux. »

Elle pleure sur son sort depuis un bon moment, je n'ai pas encore dit un mot, elle a besoin d'être écoutée. Je suis un peu étonné tout de même qu'elle ne m'ait pas encore parlé du devenir de son fils, paralysé des deux jambes par un accident de ski.

Elle s'arrête un court instant puis me surprend :

« Et vous, qu'est-ce qui vous est arrivé ?

– C'est aussi un accident de sport, vous voyez qu'il ne m'a pas empêché d'être actif. »

Je ressens le besoin de me dérober. Je n'ai pas envie de me donner davantage en exemple. Le médecin et le patient qui m'habitent sont d'accord. Je change donc de sujet : « Mais dites-moi, je serais content que vous acceptiez de parler avec Mlle Poirier, notre psychologue, elle est là tous les jours. » Mme Carlot acquiesce sans hésiter et un premier rendez-vous est fixé avec la secrétaire.

Philippe aussi verra la psychologue, deux ou trois fois. Quand il sort au bout de quelques mois, il semble heureux d'aller en internat dans un lycée adapté pour étudiants handicapés. À cette occasion, je revois sa mère ; sa plainte est restée la même. Au moins a-t-elle accepté, non sans quelque réticence, la solution trouvée pour son fils.

En une occasion, lors d'un projet d'admission, des parents que je reçois avec leur fils récemment handicapé sont choqués lorsqu'ils me voient dans mon fauteuil. Au cours d'une visite du service, ils rencontrent ensuite des patients circulant dans leur fauteuil, puis partent. Ils ne reviendront pas. Ils se sont heurtés à ce qu'ils déniaient, le handicap ; alors, si de surcroît le chef de service était lui aussi handicapé... Cela pouvait laisser penser que la guérison n'était pas possible.

Le fauteuil roulant peut être la meilleure ou la pire des choses. La meilleure quand il évite le grabat et permet une reprise ou un maintien des activités. La pire quand il est vu uniquement comme un symbole d'infirmité définitive.

Les blessés en rééducation voient tous les jours leur médecin qui s'est tiré d'une situation proche de celle qu'ils connaissent. Cela doit certainement les rassurer. Ils ignorent tout de mon parcours, mais ils doivent imaginer que j'ai traversé des épreuves similaires aux leurs. Les relations entre nous en sont facilitées. Une identification positive joue puisqu'ils me voient me déplaçant à l'aide de mes deux cannes ou en fauteuil, exerçant mon métier, conduisant ma voiture. Je mène une vie normale.

13

Le médecin frappe indistinctement
le malade et la maladie

Une année environ après l'ouverture du service, monsieur L., paraplégique récemment admis, souffre d'une forte fièvre ; l'escarre en bas de son dos, sur le sacrum, s'aggrave rapidement et se gangrène. Je ne comprends pas pourquoi son état empire. J'ai besoin d'un avis et je fais un effort pour aller voir le chirurgien du service voisin. Un effort en effet, car nous sommes arrivés à Fontainebleau avec notre personnel technique et nos chirurgiens spécialisés. Par conséquent, nous avons pris cent lits qui ne sont plus du tout du ressort des chirurgiens de l'hôpital. Ces chirurgiens sont deux, l'un qui est chargé du « mou », les viscères, et l'autre du « dur », les os. Le premier accepte sans difficulté de venir voir mon malade et me déclare : « Ce type est foutu, il ne s'en sortira pas, ce n'est pas la peine de vous battre. »

C'est samedi. Devant ce verdict, je revois mon séjour à la Salpêtrière, l'énorme escarre sacrée que j'avais eue moi aussi et qu'une charmante chef de clinique avait excisée et nettoyée au bistouri en plusieurs étapes. Et je sais maintenant que les patients paraplégiques alités doivent être impérativement changés de position toutes les trois heures. La fameuse phrase du professeur Vilain ne peut être oubliée : « On peut tout mettre sur les escarres sauf le malade. »

Je refuse de me résigner et retourne voir le patient le lendemain dimanche.

« Monsieur L., je sais que vous êtes fatigué, je ne vais pas rester bien longtemps mais j'ai besoin de vous parler un peu.

– Docteur, c'est comme vous jugez, mais vous voir un dimanche ce n'est pas habituel.

– C'est précisément que vous n'êtes pas un cas habituel et que vous m'inquiétez.

– À ce point ?

– Il y a dans votre état quelque chose que je ne comprends pas et que vous pouvez peut-être m'expliquer. Je n'ai jamais vu une escarre s'aggraver du moment que le malade n'était pas couché dessus. Alors pourquoi la vôtre s'aggrave-t-elle ?

– Je ne sais pas.

– Vous êtes sûr que vous êtes bien changé de position toutes les trois heures ?

– Oui, docteur.

– Eh bien, moi, j'en doute. »

Nous jouons ainsi au chat et à la souris pendant un bon moment. Puis je me décide.

« Monsieur L., vous n'avez pas l'air de savoir ce qui va se passer si on continue à ne pas vous tourner. Alors je vais vous le dire. L'escarre gangrenée va s'aggraver au point de mettre rapidement votre vie en jeu. C'est-à-dire que dans quelques semaines vous ne serez plus de ce monde. Jamais je n'accepterai cela et ceux qui en sont responsables, les soignants, risquent gros, à commencer par la perte de leur situation.

– C'est aux soignants qu'il faut le dire !

– Je compte bien le faire aujourd'hui même et j'ai besoin de votre collaboration ; j'ai besoin d'être sûr que vous me direz la vérité si je vous interroge sur vos soins.

– Entendu, mais, s'il vous plaît, vous ne dites pas aux garçons de salle que je les ai dénoncés.

– Vous ne les avez pas dénoncés. »

Le soir même, j'organise en urgence une réunion avec l'infirmière de nuit et les garçons chargés de tourner les malades ; je leur explique que la vie du patient est en jeu et leur responsabilité gravement engagée. J'exige qu'ils signent une pancarte où sera mentionnée l'heure exacte des rotations du patient. Les effets sont assez rapides. L'escarre est excisée, nettoyée et elle cicatrise en quelques mois.

Trois ou quatre ans plus tard, notre malade revient en bilan pour quelques jours. Ses urines sont infectées. Je dis alors à cet homme sympathique que nous allons lui passer une sonde dans la vessie pour voir d'abord s'il la vide bien. Il me répond, mi-rieur, mi-grognon : « J'aime pas beaucoup qu'on touche à mes affaires. »

Nous entreprenons ensuite de rendre ses urines stériles par un traitement à la pénicilline, qui n'est pas encore très pure à cette époque. Il fait un choc brutal et meurt en une minute malgré tous nos efforts.

C'est Paul Léautaud qui disait à son médecin : « J'aime mieux vivre malade que mourir guéri. »

14

« Ce qui compte dans la maladie, c'est la santé »

(M. M., 1975)

J'ai pris la direction de mon service depuis quelques années déjà quand je dois être opéré de la vessie. C'est une première expérience intéressante.

Je confie mon organe à Sehenne qui est un excellent ami et vient une fois par semaine à Fontainebleau pour assurer l'urologie du service.

Admis dans la clinique parisienne où il officie, j'y rencontre une sœur infirmière au comportement peu rassurant. Elle tient à me montrer sa chambre, cellule monacale où la seule « décoration » est un cercueil miniature posé sur la table de nuit. Sa conversation m'indique vite que ce n'est pas là une forme de Vanité, mais le témoignage d'un esprit morbide. Elle me parle de certains patients, d'une jeune femme en état grave avec une septicémie à la suite d'un avortement ; ayant la certitude que cette jeune femme était rappelée à Dieu, elle a décidé, me dit-elle, d'arrêter les antibiotiques. J'en parle à Sehenne qui me dit avoir quelquefois des doutes, mais aucune preuve. Pour sa part, il évite de lui confier des malades graves. Je suis content quand arrive le jour de la sortie.

Je suis d'autant plus surpris par cette rencontre que j'ai une grande estime pour les sœurs de l'hôpital de Fontainebleau où je suis quelquefois appelé pour avis. Elles connaissent parfaitement leurs malades et font preuve d'expérience et de bon sens. À leurs yeux, j'ai un succès à mon actif : une demoiselle de leur connaissance, d'âge avancé et confite en dévotion, s'est paralysée progressivement quelques jours après un traumatisme. Sans aucun mérite, je suspecte un hématorachis et l'oriente vers un neurochirurgien. Elle récupère complètement et m'offre un vase que Paule garde précieusement... à la cave. Mais je leur dois moi aussi une leçon. L'un des enfants du service s'est réveillé avec des douleurs abdominales et un ventre dur et contracturé. Après avoir essayé diverses thérapeutiques sans aucun résultat, nous pensons que ce « ventre de bois » est une indication chirurgicale et, après avoir prévenu ses parents, nous transférons le jeune malade dans le service de chirurgie voisin. Les sœurs commencent par lui donner un bain chaud et les symptômes disparaissent. C'est le genre d'expérience qui incite à la modestie.

Celle que j'ai vécue avec Sehenne dans les semaines qui ont suivi l'intervention sur la vessie m'incite plutôt à la réflexion. Le malade dont les suites opératoires ne se déroulent pas conformément à ce qu'attend le chirurgien n'est pas un bon malade. Ce fut mon cas. À l'occasion de sa visite hebdomadaire à Fontainebleau, je tenais Sehenne informé de l'évolution des suites opératoires pour moi. Il a fallu deux bons mois pour que je retrouve le contrôle de ma fonction vésicale. Ce qui nous parut long à tous deux et Sehenne a fini par me dire : « Tu ne serais pas un peu anxieux ? » Mon maître Grossiord disait : « Ce qui est ennuyeux avec les anxieux, c'est qu'ils ont toujours de bonnes raisons de l'être... » Il était orfèvre en la matière.

Je me demande souvent, aujourd'hui encore, si ce diagnostic porté à mon endroit n'a pas coûté la vie à Jean, le mari de ma sœur. Jean, la soixantaine, bon vivant, un peu obèse, facilement essoufflé, a une insuffisance cardiaque jusque-là compatible avec une vie active. Il me demande conseil à propos d'un adénome prostatique, tumeur bénigne, qui gêne l'évacuation de la vessie. Bien qu'il n'y ait ni infection ni retentissement en amont sur les reins, le risque qui existe à cet égard et l'aggravation prévisible de son état cardiaque m'amènent à lui conseiller de se faire opérer maintenant plutôt que d'attendre les complications qui ne manqueront pas de se produire dans quelques années.

Sehenne ayant choisi de se consacrer exclusivement aux enfants, il propose un successeur, le professeur Cecat, auquel je parle moi-même. Il examine Jean, décide l'intervention, le fait entrer dans son service à l'hôpital Necker. Ma fille Catherine, qui est externe dans le service voisin, est au chevet de son oncle et parrain dès le retour de ce dernier dans la chambre, après l'intervention. Constatant au bout d'un moment que son état se dégrade, elle va trouver Cecat : « Calmez-vous, vous êtes anxieuse, comme votre père », lui dit-il, un peu agacé. Elle retourne près de son oncle, s'inquiète de plus en plus. Voyant la situation empirer, elle donne de nouveau l'alerte. Cecat, cette fois, se dérange. En urgence, il demande un examen au service de radiologie. Trop tard. Jean meurt sur la table d'examen.

Mon beau-frère était pour moi à la fois un deuxième père et un grand frère. Il était blessé de guerre, avait des séquelles douloureuses d'une triple fracture du bassin. Il avait droit de ce fait au tarif réduit : 25 % dans les trains et un accompagnateur gratuit pour l'aider. Et lorsque nous avons à deux ou trois reprises voyagé ensemble par le train, il me portait avec l'aide d'un agent SNCF pour monter et aller jusqu'à ma place. Mais c'est moi qui voyageais gratuitement avec la mission d'aider le blessé qu'il était ! Ainsi, bien que ma condition de victime civile me stigmatise comme le stropiat qui n'avait pas été blessé au service du roi, je profitais des avantages réservés à ceux qui l'avaient été.

On se fait parfois des promesses à la mort d'un proche. Je m'en suis fait beaucoup lorsque Jean nous a quittés.

Quelques années plus tard, il faut de nouveau opérer ma vessie, plus exactement l'un des sphincters situé dans le canal qui va de la vessie vers l'extérieur, à travers la verge. Il m'est difficile de ne pas en parler à Cecat, à la fois parce que je lui ai confié mon beau-frère et parce qu'il assure chaque semaine une consultation dans mon service. Nous nous mettons tout de suite d'accord sur le principe. Quant au choix de la date, il me dit un jour au cours d'une visite : « Je vous opère lundi.
– Doucement, lui dis-je, je vous ai laissé le choix des armes, laissez-moi celui de la date. »

La veille de l'intervention, on me fait une radiographie pulmonaire. J'attends une bonne heure dans le couloir et vois passer, hautain, le chef de service qui ne regarde aucun des patients qui attendent. Je lui avais prêté des radiographies pour une communication, huit jours plus tôt. Le même soir, Cecat passe me voir et me propose de prendre un comprimé pour dormir. Je lui dis que je ne suis pas inquiet, mais en prends tout de même la moitié d'un, tant il est, lui, soucieux de mon sommeil. Une heure après que je me suis endormi, un interne vient me réveiller pour un électrocardiogramme !

Cecat a été si prudent qu'il faut recommencer deux ans plus tard. À Fontainebleau, nous faisons les consultations ensemble et, connaissant mon souci d'éviter la prescription abusive d'antibiotiques, il me demande si je souhaite une antibiothérapie avant et après l'intervention. Je prends, à tort, le parti et le pari de m'en passer. Les microbes qui sont solidement installés depuis des années dans le service d'urologie de Necker m'agressent. En salle de réveil après l'opération, je claque des dents et frissonne avec une forte fièvre.

Je reste là vingt-quatre heures, avant de savoir si la perfusion d'antibiotiques sera efficace et de retrouver ma chambre. Une infirmière sympathique et bavarde m'amuse avec le récit de ses aventures professionnelles. Affectée à l'hôpital Cochin en chirurgie, elle n'accepte pas le climat imposé par le patron qui est un mandarin de la plus belle espèce. Un scénario immuable se déroule tous les matins : quand le professeur Bourde quitte son domicile, une secrétaire téléphone au portier de l'hôpital. Celui-ci se tient prêt à ouvrir, sans délai, la barrière et prévient la surveillante du service dès qu'il aperçoit la voiture du patron. Celui-ci est accueilli sur le perron par la surveillante qui l'accompagne jusqu'à son bureau pour l'aider à enfiler sa blouse, préalablement réchauffée en hiver. En même temps, l'ordre est donné d'enlever tous les bassins qui sont dans les lits afin que le patron ne soit pas incommodé par les odeurs. Choquée par cet ordre, notre infirmière a dit bien haut : « Et alors ? Même qu'il sentirait la merde, il n'en mourrait pas ! » Réflexion blasphématoire qui lui vaut d'être mutée.

Affectée auparavant à la Salpêtrière, elle a quitté volontairement le service parce qu'elle trouvait que le patron négligeait ses malades. J'ai côtoyé celui-ci trois ou quatre fois dans un jury pour l'attribution d'un prix et nous avons sympathisé. C'est un neurologue connu et brillant, davantage attiré par les salons et les médias que par son service.

À la suite d'un accident vasculaire cérébral, une dame connue de notre infirmière est admise dans le service de ce patron neurologue parce qu'elle est aphasique. Elle ne peut plus parler, mais ses facultés intellectuelles sont heureusement intactes. Son mari, qui vient la voir tous les jours, lui pose chaque fois la question : « As-tu vu le professeur ? » Elle répond par un signe de dénégation de la tête. Au bout d'un mois, elle n'a toujours pas vu le professeur. Un jour enfin, elle fait « oui ». Elle l'a vu. « Que t'a-t-il dit ? – Rien, signifie la dame. – Mais enfin, il n'est pas venu sans te dire quelque chose ? » Nouveau signe de dénégation. « Tu l'as bien vu en personne ? » insiste le mari. « Oui, oui », acquiesce la dame en lui montrant l'appareil de télévision. Elle ne l'a pas vu à son chevet, mais dans une émission télévisée !

Je sors quelques jours plus tard, enrichi des bonnes histoires de cette infirmière, mais il faut plusieurs années pour me débarrasser du microbe neckérien, résistant et changeant.

15

« Aider le paralysé récent à cheminer vers sa vérité »

(M. M.)

Monsieur R. a les jambes paralysées et totalement insensibles depuis six semaines à la suite d'un accident de voiture. Hier matin, lors de ma visite dans les chambres, monsieur R. m'a signalé qu'il sentait des picotements dans les pieds. Visiblement, il les interprète comme une récupération de sa sensibilité. La semaine passée, c'étaient quelques contractions musculaires, hélas involontaires, qu'il interprétait comme une récupération de la motricité. Comment ne pas le comprendre ?

Je le convie à un entretien seul à seul dans mon bureau. Après un examen neurologique plus détaillé que dans la chambre, je lui confirme qu'il n'y a aucune récupération. Pour le moment, dis-je prudemment, en expliquant le pourquoi des manifestations de sensibilité et des secousses musculaires. Il faut nous revoir dans quelques semaines. On y verra peut-être plus clair et, en attendant, il faut participer à toutes les activités de rééducation.

Le rôle du médecin n'est pas facile. Il ne doit surtout pas perdre la confiance du malade, mais il sait qu'il y a des vérités qui blessent profondément et durablement. Avouer avec humilité son incapacité à prévoir l'avenir est plus difficile que d'annoncer avec assurance: «Vous ne pourrez pas remarcher», mais c'est beaucoup moins traumatisant. Et c'est le rôle du centre de rééducation de permettre à chaque paralysé de cheminer vers sa vérité, de côtoyer d'autres roulants, d'en voir de plus touchés que lui, de rencontrer des «collègues» déjà bien adaptés à la situation et bâtissant les projets d'une nouvelle vie.

Plus le temps passe, plus les chances de récupération diminuent. Dans le colloque singulier de la consultation, le pourcentage que l'on accole éventuellement aux chances restantes à un moment donné peut varier notablement avec l'attitude du patient et de son entourage. La prudence s'impose aussi vis-à-vis de l'entourage, car on n'est jamais sûr que celui-ci ne se trahira pas par un changement d'attitude ou par une parole malheureuse face à une personne qui a tout le temps d'interpréter et de ressasser. Il faut penser aussi que les questions posées par l'entourage peuvent être guidées par l'intérêt et que les réponses peuvent avoir de graves conséquences, telles que l'abandon du domicile conjugal, voire des conséquences financières.

«Il y a quatre mois que mes jambes ne marchent plus. Je vous ai vu deux fois en tête en tête. Vous ne saviez pas si j'allais récupérer. Et moi je rencontre tous les jours dans le centre des gars accidentés bien avant moi et qui sont toujours paralysés. Aujourd'hui j'ai absolument besoin de savoir.»

Je suis coincé, acculé. Mais ce n'est pas la première fois.

« Avant de vous répondre directement, je vais d'abord vous répéter ce que j'estime particulièrement important. Parmi les gars que vous voyez dans le service, il y en a qui sont aussi paralysés des membres supérieurs (j'hésite à lui dire : « comme moi »). Il y en a aussi qui ne peuvent plus parler ou très mal, d'autres dont le comportement et le raisonnement sont perturbés. Vous, vous avez la chance d'avoir des bras normaux, un cerveau qui fonctionne bien. Il faut absolument et de toute façon faire travailler ce qui marche bien et tout ce que vous ferez dans ce sens vous servira. Passer son temps dans l'inactivité en s'interrogeant sur l'avenir serait catastrophique. Avez-vous une idée de ce que vous pourriez faire si vous deviez rester en fauteuil ? Avez-vous déjà parlé avec des anciens revenus dans le service pour un bilan et très bien réinstallés ?

– Ce qui m'intéresse, c'est de savoir si je remarcherai et quand. »

Je me sens un peu dégagé, la situation me semble évoluer du bon côté.

« Des milliers de paraplégiques se posent la même question que vous et ne savent peut-être pas que des recherches sont en cours dans de nombreux pays, que l'on n'aurait pas osé il y a seulement deux décennies parler de restauration de la moelle épinière et que le terme est maintenant couramment employé comme un objectif en vue. Dans quel délai ? Personne ne le sait. Mais ce qui est sûr, c'est que la science progresse dans tous les domaines. La greffe cardiaque n'était pas imaginable et elle est maintenant couramment pratiquée.

Et vous ne savez peut-être pas qu'il y a en France un institut qui se consacre uniquement à la recherche sur la moelle épinière et qui subventionne plusieurs laboratoires chaque année pour encourager leurs recherches. »

Après avoir ainsi ouvert une fenêtre sur le futur et l'espoir, je me demande ce que mon interlocuteur en a retenu et quelle en est son interprétation. Il me dit simplement : « Je reviendrai vous voir. – Quand vous voudrez, lui dis-je, je suis toujours prêt à vous recevoir ainsi que votre femme, si vous le souhaitez l'un et l'autre. »

Je tiens au courant la psychologue récemment arrivée dans le service. Elle me parle du travail de deuil à accomplir pour accepter le handicap. Et cela me fait sourire. Les notions de deuil et d'acceptation du handicap sont beaucoup trop abstraites pour moi. Alors que l'adaptation est concrète, visible et repose sur des critères évidents.

Dans une réunion avec une dizaine de « vieux » tétraplégiques, je pose un jour la question à chacun : « Avez-vous accepté votre handicap ? » Tous me répondent sans hésiter : « Non », et certains ajoutent : « C'est inacceptable. »

Je me suis longtemps demandé si l'on ne pourrait pas trouver un critère d'acceptation dans le rêve. On aurait accepté quand on ne se rêverait plus marchant. Il me semblait que tel était mon cas. Et voilà que cinquante ans après la survenue de ma tétraplégie, je fais une nuit le rêve d'une longue marche avec mon petit-fils dans une très belle campagne imaginaire.

Personne ne m'a jamais annoncé que j'étais définitivement handicapé. Et, curieusement, je n'ai jamais été demandeur, même dans la trop longue période des complications initiales et de l'inertie totale des jambes. Aujourd'hui, plus d'un demi-siècle plus tard, je crois que pendant des années je n'ai jamais envisagé un instant que je pouvais rester paralysé, que mon état était définitif. Ce n'était qu'un mauvais moment à passer, j'allais récupérer. Cela s'est d'ailleurs produit, car la lésion n'était pas complète. Les progrès, très lents, m'ont permis de reconquérir la marche, une marche un peu acrobatique avec deux cannes, limitée dans sa performance à quelques dizaines de mètres et dans sa durée à environ vingt-cinq années. J'ai dû me résoudre à l'abandonner il y a une vingtaine d'années. Sans trop de souffrance. Nous nous sommes séparés à l'amiable. Il est évidemment beaucoup plus difficile de s'adapter à la perte brutale de la marche que de l'admettre après des années de baisse des performances.

Mme R. est dans mon bureau. Elle me donne rapidement l'impression d'être une femme solide, douée d'un bon sens pratique, très attachée à son mari et à ses deux enfants. « Oui, il est possible qu'il ne récupère pas complètement. Oui, il est préférable de prévoir dès maintenant la commande d'un fauteuil roulant. Oui, il pourra reprendre son activité de professeur pourvu que son administration soit d'accord et les locaux adaptés. Oui, nous allons lui réapprendre à conduire et à se débrouiller seul. Oui, il peut avoir une vie très proche de la normale. – Conjugale aussi ? – Bien sûr, nous avons de nombreux exemples. » Mme R. est un peu gênée et accepte sans hésiter de venir voir le médecin du service qui s'est spécialisé en sexologie. Elle serait heureuse d'avoir son mari au moins deux ou trois jours à la maison.

Je suis assez satisfait de cet entretien et je pense à ceux, heureusement rares, dont la femme est partie quelques semaines après la survenue de la paralysie, à ce médecin fils unique que sa mère étouffait, qui s'était marié malgré elle. La jeune femme souffrait de cette situation. Aussi quand la mère voulut reprendre son fils paralysé pour s'occuper de lui, elle a abandonné le terrain, malgré la présence d'un enfant. Je pense aussi à ce lundi matin où, juste avant ma visite, l'infirmière chef me prévient que le malade de la première chambre est effondré. On lui a appris la veille que sa femme l'avait quitté. Ma réaction est-elle la bonne ? Je le secoue, je le bouscule. Si sa femme est partie si vite, c'est qu'elle n'avait pas beaucoup d'affection pour lui, que leur union n'aurait sans doute pas été ce qu'il souhaitait et que devant les conséquences de ce malheureux accident, il devait se comporter comme un homme pour prouver ses capacités à faire front et à triompher du défi qui se présentait.

Quand je revois monsieur R. en consultation trois mois après sa sortie, son questionnement n'est plus le même. Comme s'il avait abandonné l'idée de remarcher. Sa volonté, la qualité de son entourage et la reprise du travail lui ont permis de franchir la première étape, sans doute la plus importante. Mais une fois passée l'adaptation à l'annonce de la paralysie définitive, c'est la vie durant que se fait la révélation du handicap.

16

« Il est trop facile et dangereux de décréter “psychologiques” ou “psychiques” les symptômes que l’on ne comprend pas »

(M. M.)

L’histoire du jardinier de la comtesse est de celles que l’on n’oublie pas.

Une comtesse a donc un jardinier qui, lui, a des lombalgies. Quoi de plus banal que des douleurs du dos chez un jardinier ? Mais ces douleurs augmentent assez vite, au point d’amener cet homme consciencieux à un arrêt de travail. De petites fuites urinaires apparaissent, éprouvantes, gênant la vie sociale de cet homme et l’obligeant à prolonger son arrêt.

La comtesse, ennuyée pour son jardinier et par sa défaillance, en parle au chirurgien de la ville voisine qui vient de temps en temps dîner chez elle. Celui-ci demande à voir le jardinier et le reçoit donc en consultation ; en présence d’une évidente hernie discale, le chirurgien propose d’opérer. Le patient accepte, plein d’espoir.

Après l’intervention, le jardinier est incité à la patience, car non seulement les douleurs du dos ont augmenté, mais les signes urinaires se sont aggravés, s'accompagnant maintenant de troubles sexuels et d'une légère gêne à la marche. Il patiente deux mois, trois mois, insistant à chaque visite auprès du chirurgien pour comprendre et surtout savoir si les troubles vont régresser. Le chirurgien s'impatiente aussi, met en doute les complications du patient qui sont toutes subjectives et qu'il ne sait pas vérifier. Il décline donc toute responsabilité.

Le résultat n'est pas conforme à ce qui était attendu ? C'est la faute du malade, que le chirurgien adresse au psychiatre. Le traitement antidépresseur prescrit ne change rien. Notre jardinier s'enfonce dans le désespoir. La comtesse, désolée, insiste auprès du chirurgien pour qu'une autre solution soit tentée. Le chirurgien se renseigne, apprend que nous avons présenté au congrès d'orthopédie une communication sur les hernies discales et leurs complications. Il nous envoie le jardinier.

C'est un homme triste, aigri, presque désespéré que nous accueillons. Un examen clinique détaillé permet de comprendre quelles racines nerveuses ont été lésées par la hernie d'abord, puis par la chirurgie. En nous gardant bien de mettre celle-ci en cause, nous expliquons très précisément au patient la cause de ses troubles, dont l'authenticité n'est pas discutable, et ce qui peut être fait avec son indispensable coopération. Il se transforme en quelques semaines et participe très bien à la rééducation. Le psychiatre n'a rien à faire ici. Le but de la rééducation n'est pas de modifier les séquelles de la lésion anatomique, mais de s'y adapter au mieux. C'est ce que fait parfaitement notre homme, qui sort après un séjour de quelques mois avec la ferme intention de reprendre son travail à mi-temps.

La leçon à retenir de cette histoire est évidente : il est trop facile et dangereux de baptiser « psychologique » ce que l'on ne comprend pas.

Reconnaissons cependant que les observations de hernie discale ne se sont pas toutes terminées à notre gloire. Un collègue normand nous adresse un brave homme, boulanger, qui souffre beaucoup des membres inférieurs après une intervention pour hernie discale. Malgré le climat tonique et stimulant de la rééducation, malgré le traitement antidépresseur, les douleurs persistent, éprouvantes pour notre malade. En l'absence de toute manifestation objective, nous recherchons une cause d'origine psychologique. En vain. L'entente familiale est bonne, la situation financière aussi. Et c'est finalement avec un sentiment d'échec que nous rendons le boulanger à sa famille, sinon à son travail.

Trois mois plus tard, le collègue normand auprès duquel nous venons aux nouvelles nous raconte la suite. Intrigué par ces douleurs inexpliquées, il a fini par demander conseil à un autre chirurgien. Celui-ci a choisi de réopérer. La hernie discale n'avait pas été enlevée en totalité lors de la première intervention. Le boulanger a pu reprendre son travail après la seconde intervention.

Nous étions bien loin d'imaginer un tel dénouement. C'est là aussi le genre de leçon qui incite à la modestie.

17

« Vanité des vanités, tout n'est que vanité »

(L'Ecclésiaste)

Je me demande si je ne me suis pas quelquefois pris trop au sérieux. Élu en 1983 à l'Académie médicale européenne de réadaptation, je commence ainsi mon discours d'intronisation :

Monsieur le Président, mes chers collègues,

Dans son discours d'introduction à l'Académie française, l'ethnologue Claude Lévi-Strauss, revêtu de l'habit vert et du bicorne, établissait, avec toute la déférence qui s'impose, un parallèle entre la séance d'intronisation qu'il vivait et les cérémonies initiatiques de novices chez les peuplades indiennes, parmi lesquelles il se trouvait quelques semaines plus tôt. Il remarquait que ce sont de telles institutions qui donnent au corps social sa consistance et sa durabilité, et que tous ces rites ne sont que l'expression d'une sagesse infuse. Permettez-moi de penser qu'à cette heure il n'y a sans doute pas de plus grande sagesse que d'aider au développement du corps social encore malingre qu'est l'Europe.

Mais nous ne sommes pas bien sûr à l'Académie française. Vous n'exigez pas le port de l'épée, ce qui témoigne d'intentions encore plus pacifistes que celles de l'illustre compagnie, et l'habit n'est pas uniforme. Seule la casquette pourrait se justifier si d'aventure vous aviez voulu symboliser l'étymologie du mot « handicap », puisqu'il vient, vous le savez tous, du jeu anglais *hand in cap*, « la main dans la casquette », et que sans handicap, bien sûr, il n'y a pas de réadaptation.

En m'accueillant aujourd'hui – et je ne saurais trop vous dire combien je suis sensible à l'honneur qui m'échoit – vous admettez parmi vous un homme qui a été continûment partagé entre deux devoirs, celui de tenter de soigner les personnes handicapées et celui de les représenter. Peu importe que votre choix ait comblé l'un plutôt que l'autre. Il me permet d'être le premier « bi-appartenant » en fauteuil de votre compagnie et de satisfaire à la fois ces deux vocations.

Vous me donnez aussi l'heureuse occasion de retrouver nombre de visages connus et amis, parmi lesquels à côté de médecins formés à la réadaptation, je reconnais les représentants venus de la chirurgie orthopédique et de la neurologie, les deux spécialités qui ont sans doute le plus échangé avec notre discipline. Si j'en parle aujourd'hui, c'est que je leur dois beaucoup et que je compte parmi mes plus grandes joies professionnelles les multiples consultations communes que j'ai eu la chance de faire avec des collègues d'autres disciplines.

Mais j'anticipe, car ce n'est pas par ce bord, mais si j'ose dire par son autre versant, que j'ai abordé la réadaptation. Plus exactement, comme Monsieur Jourdain avec la prose ou saint François d'Assise avec l'orientation professionnelle, j'ai été amené à en faire sans le savoir ou plutôt nous, car les miens y ont participé autant et même davantage que moi, à une époque où notre spécialité était inconnue.

Après cette introduction, je poursuis pendant près d'une heure sur le sujet choisi : « La pathologie de l'immobilité ». Et j'ai conclu ainsi une longue péroraison :

> « Pascal disait en un raccourci saisissant : "Le mouvement, c'est la vie." Et il nous est arrivé à tous de rencontrer des hommes qui, gravement handicapés après un traumatisme ou une maladie, refusaient tout sens à la vie. Pour répondre et en même temps conclure, je citerai Lévi-Strauss terminant l'éloge de Montherlant : "C'est un axiome de haute morale qu'en refusant tout sens à la vie, on s'impose à soi-même la tâche rude, mais dès lors inévitable, de lui en donner un." »

Montherlant, justement, parlait de la « merdouille des petits honneurs ». Je peux affirmer que je ne les ai ni recherchés ni méprisés.

Chaque réunion annuelle de l'Académie se tient dans une ville où réside l'un des membres. Nous changons donc à chaque fois et c'est l'occasion de retrouvailles entre les membres et leurs conjoints, de réceptions officielles, de programmes touristiques et aussi de rencontres parfois inattendues. À Strasbourg, au cours du dîner de gala, j'ai un sympathique voisin norvégien qui parle très bien le français, car il a passé deux ans au lycée de Rouen. Nous en venons à parler football. Il a joué dans l'équipe du lycée et gagné la finale du championnat d'académie à Caen.

« En quelle année, lui demandé-je

– En 1941.

– Vous aviez gagné 3 à 2...

– Comment le sais-tu ?

– J'étais capitaine de l'équipe adverse et figure-toi qu'aujourd'hui encore certains de mes coéquipiers que je rencontre me reprochent amicalement d'avoir refusé de fermer le jeu alors que nous menions 2 à 1, à vingt minutes de la fin ! »

Du fait de son double sens, « vanité » est un des mots heureux de la langue française. De nombreux peintres, quelques centaines au XVIIe siècle avec Chardin, ont représenté cette vanité sous la forme d'un crâne, seul ou intégré dans le motif du tableau qui est souvent une nature morte.

J'ai rencontré la vanité avec la dérision quand quarante administrateurs de l'*International Medical Society of Paraplegia* installés en *Council Meeting* ont appris qu'ils recevaient chacun le titre de lieutenant-colonel honoraire de la garde de l'Alabama. Le gouverneur de cet État, victime d'une agression, avait reçu une balle dans la moelle épinière et était devenu paraplégique. Au bout de quelques semaines, il s'était demandé pourquoi on ne le guérissait pas. Un de mes anciens patients, chef de service à Boston, fut appelé à son chevet. Lui-même paraplégique, il apprit au gouverneur l'existence de la Société internationale. Surpris par cette découverte, le gouverneur a aussitôt décidé de distinguer les administrateurs de cette société. Cela nous a bien fait rire et nous nous sommes demandé si nous aurions droit au port d'un uniforme. Le président de la société a remercié en notre nom et, à défaut d'uniforme, nous avons reçu chacun un diplôme. Paule l'a tout de même encadré et accroché dans un coin très discret de la maison à la campagne. Vanité des vanités !

18

« Il n'est pas prouvé que la puce qui est sur la souris a peur du chat »

(Anonyme)

Il est onze heures du soir, je suis couché et je bois un verre d'eau avant de m'endormir. La bouteille se renverse, la nappe d'eau se répand sous moi, atteint la commande du lit électrique, provoque un court-circuit et un vrombissement impressionnant. Paule se précipite, arrache la prise et constate les dégâts. J'ai dans le dos une « belle » brûlure du troisième degré. Le chirurgien chef de l'hôpital des Invalides, à qui je téléphone aussitôt, m'envoie une ambulance, m'accueille lui-même dans son service et fait le point : attendre que la zone brûlée soit bien délimitée, exciser, puis greffer avec un lambeau de peau prélevé sur la cuisse. Il faut prévoir trois mois d'hospitalisation.

Je suis content de m'être adressé à lui : désireux d'assumer au mieux ses responsabilités, il est souvent venu ces dernières années à Fontainebleau assister aux consultations du service et nous avons sympathisé. Il a été chirurgien de guerre et connaît bien les brûlés, ce dont je suis assuré le soir même de mon arrivée lorsqu'il me raconte certaines de ses campagnes. Enfin, son service est assez proche de mon domicile. Je n'ai jamais eu à regretter ce choix. Lui non plus, j'espère. Nous sommes restés bons amis.

Je m'adapte vite à cette nouvelle situation. L'abolition de la sensibilité à la douleur m'épargne la souffrance de la brûlure. Paule peut venir facilement et mon aide de vie zaïrois viendra me mobiliser les jambes plusieurs fois par jour pour éviter la phlébite. J'ai tellement répété aux kinésithérapeutes de mon service qu'il fallait mobiliser prudemment les paraplégiques dont les os étaient très fragiles que je ne veux pas me confier à ceux de cet hôpital. Je contrôlerai plus facilement mon aide que les kinésithérapeutes. Ceux-ci ont dû sourire ou soupirer de soulagement quand on a découvert au bout de quelques semaines que ma hanche gauche est cassée. « Mon » chirurgien pose deux vis qui se débricolent, refusant de rester dans un os aussi friable. La pseudarthrose serrée qui en résulte ne m'a jamais gêné et ce qui serait difficilement acceptable chez un sujet valide, pour le chirurgien comme pour le patient, est ici parfaitement toléré. L'un et l'autre se sont adaptés à cette pathologie nouvelle.

Quelle que soit la situation, le patient que je suis ne peut s'empêcher de réagir en médecin. L'infirmière m'apporte deux comprimés d'un antibiotique à visée urinaire. Je m'étonne, m'assure qu'il ne s'agit pas d'une erreur et demande qui les a prescrits : « L'interne, m'indique-t-elle. – Si c'est possible, j'aimerais le voir avant de prendre ces comprimés. » Il vint peu après et, tout en m'excusant de l'avoir dérangé, je lui pose la même question qu'à mes propres internes : « Puis-je vous demander quelle démarche intellectuelle vous a conduit à faire cette prescription ? » Il l'a faite en fonction d'un examen de laboratoire, sans examiner, ni interroger le patient que je suis. Il y a en fait des causes d'infection connues qu'il aurait fallu d'abord supprimer, si possible. L'usage d'antibiotiques ne peut qu'augmenter les résistances des germes installés.

Faire une prescription, signer une ordonnance est un acte gratifiant qui tente le jeune carabin dès qu'il en a la possibilité. Cet acte doit être précédé d'une réflexion. Faute de quoi, c'est la médecine des symptômes, la réponse à chaque symptôme par un remède sans qu'intervienne la recherche des causes, ni la compréhension des mécanismes. C'est une médecine réflexe et non réfléchie. C'est le plaisir d'une prescription rapide, censée traduire le savoir et ne signifiant en fait que le pouvoir.

Le bon sens et la faculté d'écoute sont, me semble-t-il, des qualités fondamentales pour un médecin. Selon un humoriste, le bon sens est la chose la mieux partagée au monde puisque personne n'en réclame. Il est probable que certains n'ont pas conscience d'en manquer. Le bon sens est particulièrement utile pour éviter de qualifier de « psychologique » ce qu'on ne comprend pas. « Toujours donner priorité à la clinique », conseillait Laennec. Le bon sens permet aussi de ne pas faire de déductions trop hâtives. Il n'est pas prouvé que la puce qui est sur la souris a peur du chat.

Si le médecin n'écoute pas le malade, le colloque singulier qui est à la base de la relation médecin-malade n'existe pas.

Pourtant, il est sans doute la plus haute forme des relations humaines.

« Ouf ! me dit un soir un chirurgien chez qui je suis hospitalisé. Ouf ! j'ai vu aujourd'hui soixante malades. – Non, lui dis-je en souriant, il y a soixante malades qui vous ont vu. »

Tous ceux qui, naguère, avaient l'habitude d'écouter, médecin de famille, curé, concierge, sont devenus de moins en moins nombreux, tandis que psychanalystes et avocats sont pour beaucoup inaccessibles financièrement. La consommation de tranquillisants, le recours aux médecines parallèles dites « non éprouvées » reflètent sans doute ce défaut d'écoute.

Le lendemain de ma conversation avec l'interne, le chirurgien chef du service, mis au courant, s'amuse de cette leçon et me raconte ses difficultés à recruter de bons internes. Pour le rassurer, je lui dis qu'il n'est pas le seul. Un de mes internes a eu une réplique quasi historique. Il sentait fort et ne devait pas se laver trop souvent, à tel point que dans le service on disait qu'il aurait été plus à sa place dans un établissement pour mal-voyants : on l'aurait reconnu au flair. Je venais d'arriver un lundi matin quand le surveillant général m'informe que l'interne de garde, l'homme en question, n'a pas répondu, la veille, à un appel de l'infirmière. Je le convoque pour lui parler du sens des responsabilités, de conscience professionnelle, de l'indispensable confiance en mes internes... Il m'interrompt : « Et si j'avais été en train de prendre un bain ? » Un moment interloqué, je me reprends et lui passe un savon, si j'ose dire, lui promettant un renvoi la prochaine fois.

Ce garçon a heureusement été une exception qui ne doit pas ternir l'image de tous les autres internes. L'un d'eux m'a laissé un souvenir particulier. Il me téléphone chez moi un dimanche soir : il était allé faire de la varappe sur les rochers de Fontainebleau, s'était fracturé la cheville et était plâtré. On prévoit une immobilisation et une absence d'au moins deux mois. Je lui dis que je suis bien ennuyé pour lui, mais que son absence ne poserait pas de problème ; on lui prêtera un fauteuil roulant et il fera la visite avec moi dès le lendemain. Il se déplace pendant deux bons mois en fauteuil ou sur deux cannes, assurant son travail habituel. Puis il fait une carrière de médecin temps-plein dans un centre de rééducation, après avoir épousé une de nos infirmières.

J'aime bien savoir quelle expérience mes anciens internes ont tirée de leur séjour dans le service. Aussi quand Stéphane me téléphone qu'il doit faire un remplacement dans la région, passe par Fontainebleau et souhaite me dire bonjour, j'accepte très volontiers. Quand il est dans mon bureau, je lui pose la question habituelle : « Qu'est-ce que vous avez gardé du service ? » Il devient rouge de confusion, s'excuse et me dit : « Oui, c'est vrai, j'ai toujours votre livre sur le réflexe pilomoteur et j'aurais dû vous le rendre. » Cette révélation est tout à fait inattendue. Je le rassure et l'oriente sur la bonne réponse. Malheureusement, je n'ai jamais récupéré ce livre précieux, qui est épuisé.

19

C'est en 1793 que le professeur Pinel, psychiatre célèbre et chef de service à Bicêtre, fit libérer les fous jusqu'alors attachés

L'atteinte des muscles respiratoires associée à la tétraplégie n'a pas été importante au point de mettre en jeu ma survie. Si bien qu'elle n'a fait l'objet d'aucun traitement, ni même d'aucun contrôle. Je vis avec, peut-être aidé par mes antécédents sportifs, qui me valent une capacité pulmonaire au-dessus de la moyenne. Jusqu'au jour où la diminution progressive et banale de cette capacité avec l'âge – je suis déjà septuagénaire – amène une complication sévère, à la fois mécanique et infectieuse.

L'indication d'une hospitalisation est évidente, mais je suis totalement réfractaire à cette idée. Il faut donc me soigner chez moi avec le conseil de collègues amis. Au bout de quelques jours, mon état ne s'améliore pas suffisamment, il faudrait que le traitement soit contrôlé quotidiennement par des examens spécialisés. Je prends vraiment la mesure de la situation quand je vois apparaître à mon chevet quelques parents et quelques vieux copains. Et finalement je cède à la pression raisonnée de la famille et en particulier de ma fille Catherine ; avec un moral épouvantable, j'entre dans le service spécialisé en réanimation respiratoire.

Le soir même, je parlemente longuement avec l'infirmière pour qu'elle appelle l'interne de garde. À celui-ci, j'essaye d'expliquer que je suis à bout, qu'il y a presque cinquante ans que je suis lourdement paralysé, que je n'ai plus envie de lutter, que je veux en finir. Il ne m'écoute pas bien longtemps, prescrit un tranquillisant et demande à l'infirmière de m'attacher les mains aux barrières latérales du lit pour que je ne puisse pas débrancher l'appareil d'assistance respiratoire que l'on m'a installé. C'est une situation intenable. À un moment, j'essaye de me gratter la joue, l'infirmière se précipite et serre un peu plus mes attaches. Je tente de lui expliquer. Elle a des ordres. Aucun détenu n'est mieux surveillé.

Le surlendemain, pour la visite du patron, j'ai fait poser sur mon lit une petite pancarte confectionnée par la famille : « Je suis un être humain. » Le patron comprend vite, fait desserrer mes liens, revient me voir un peu plus tard et me fait détacher dès le lendemain. Depuis, nous sommes amis.

Je regrette de ne pas avoir revu l'interne qui était venu à mon chevet. J'aurais aimé lui dire que la faculté d'écoute est la première qualité d'un bon médecin, que pendant le temps passé à écouter le malade, on voit son angoisse décroître et diminuer l'idée de prescrire des tranquillisants. Bien sûr, il y a là un choix à faire entre sa propre tranquillité et ce qui est mieux pour le patient.

L'attitude plus humaine du patron me rappelle ma première année de médecine où j'ai eu la chance de pouvoir admirer un grand patron pour sa patience et son humanité. Bien que nous soyons une file de stagiaires, analogue à celle qui a inspiré le dessinateur Dubout, il n'était pas très difficile de suivre l'enseignement clinique lors de la visite quotidienne du patron. Il avait l'habitude de recevoir les stagiaires un par un dans son bureau pour mieux les connaître. Son geste d'accueil était si ample quand il invitait son visiteur à s'asseoir qu'un de mes copains s'y est mépris et lui a serré la main. Mon copain a rougi de confusion tandis que le patron souriait discrètement. C'était un seigneur qui, à l'hôpital, abandonnait sa conscience de classe pour une conscience d'espèce, au service de ses semblables.

Il y a tout de même une grande différence entre ce patron et celui qui a fait desserrer puis retirer mes liens. Celui des années 1940 était un mandarin qui n'aurait accepté aucune familiarité, celui des années 1990 tutoie tout le personnel soignant. Entre les deux se situe Mai 68.

L'épisode de décompensation respiratoire guérit en deux semaines et je rentre chez moi. Je récidive quelques mois plus tard, plus gravement cette fois, malgré l'appareil d'assistance respiratoire branché sur un masque nasal une bonne partie du temps. Réhospitalisé d'urgence, je me trouve pendant deux semaines bardé de tuyaux qui me permettent de mieux respirer, d'être perfusé et alimenté. Je ne dois ni boire ni manger. Et je ne peux parler. Tout est réglé artificiellement. Le temps me paraît long, très long, malgré les visites familiales quotidiennes. Et je regrette qu'il n'y ait pas le matin, au moins pour les grands malades, la visite conversationnelle d'un ergothérapeute ou d'une psychologue. Mon seul plaisir est de me faire humecter le plus souvent possible les lèvres, sèches, avec une compresse de Sauternes 88. Caché dans la table de nuit, il n'est pas frais, mais il a le goût de la clandestinité.

Une nuit, je sens que je perds conscience. Il faut introduire en urgence un fibroscope dans la trachée et aspirer les sécrétions purulentes qui m'étouffent. Lorsque je me réveille, je reconstitue parfaitement les deux films qui viennent de passer dans ma tête, l'un sur les activités de maffieux en Grèce où un air de musique revient constamment, l'autre plus humoristique sur la noblesse anglaise. Ma famille est très étonnée quand je demande si on a vu ces films, que je raconte en détail.

Cet épisode est assez grave pour que je reçoive les jours suivants la visite de parents, amis et collègues, certains que je n'ai pas vus depuis longtemps.

Il n'en va pas de même l'année suivante quand je suis hospitalisé pour les mêmes complications. Tous ces visiteurs ont sans doute un sentiment de deuil déçu...

Au bout de quelques jours, le patron vient me voir, seul. Il a bien réfléchi. Il ne voit qu'une solution pour tenter d'éviter la répétition de telles complications. C'est la trachéotomie. Je n'hésite pas une seconde, ma confiance est totale : « Quand voulez-vous la faire ? – Cet après-midi. – Très bien. » Et j'ajoute en souriant : « Vous m'excuserez de ne pas assister tantôt aux entretiens. » Les « entretiens » sont une grand-messe annuelle réunissant de nombreux spécialistes ; on m'avait confié la présidence d'une séance, ce jour-là précisément.

On m'endort pour pratiquer un trou sous la pomme d'Adam et introduire dans la trachée une canule sur laquelle est branché un appareil respiratoire. J'ai reçu quelques années plus tôt un livre qui m'a impressionné. L'auteur y raconte le combat qu'elle avait mené avec son mari, atteint d'une maladie à évolution fatale en trois ou quatre ans. Les étapes de l'assistance respiratoire avaient été difficiles à franchir, particulièrement l'acceptation de la trachéotomie. Et ils avaient, après une longue réflexion, décidé d'arrêter l'assistance respiratoire avant cette intervention et d'en finir. Ce récit tonique et rempli d'amour conjugal revient en ce moment à ma mémoire.

Grâce à cette assistance directe à laquelle je suis soumis en permanence, je tiens depuis quatre ans. Ma femme et mes aides aspirent avec une petite sonde les sécrétions trachéales, on m'aide à expectorer chaque fois que c'est nécessaire. Je peux ainsi garder quelques activités intéressantes, dans un équilibre quelquefois funambulesque et je m'identifie à l'astronaute avec son matériel de survie sur le dos. Le mien est sur le fauteuil roulant.

La faculté d'adaptation de l'être humain est incommensurable. Sans doute parce qu'il ne peut pas en prévoir le prix.

20

« Le soir tombait, elle dit : “Merci
Pour la bonne journée
Mais j’ai la tête bien tournée.
Ah, zo ! la jambe aussi” »

(Paul-Jean Toulet)

Devenu paralysé, le corps n’a plus le même statut. La dépendance expose la frontière de la vie privée à des franchissements répétés par autrui, et c’est une expérience difficile. Ces franchissements ne sont pas toujours désirés, pas toujours consentis intérieurement ; mais ils peuvent aussi être l’occasion de rencontres et de présence. Le respect de l’intimité est la condition pour maintenir l’autre dans le champ symbolique et s’y maintenir soi-même.

Dès qu’il y a contact avec le corps, ainsi pour la toilette par un aide, la sexualité interfère. Le corps devenu objet de soins, la nudité fréquente, le priapisme parfois inévitable, peuvent être la cause de véritables attentats à la pudeur qui s'ajoutent à la crainte de l'incontinence. Le sexe perd sa valeur symbolique et devient source d'anxiété plus ou moins intense.

Le langage du corps, qui nourrit la relation affective entre la mère et l'enfant durant la toilette, peut être la source d'une relation ambiguë entre le soignant et le patient, en particulier si des érections involontaires apparaissent.

Bien que fondamentaux, les aspects relationnels, passage obligé et support de toute sexualité, sont rarement envisagés dans les nombreux articles médicaux consacrés à la sexualité des paraplégiques. C'est peut-être parce que la question est chargée d'émotion personnelle pour chacun. Les différences socioculturelles et éducatives entre le patient et le soignant peuvent aussi expliquer les difficultés réciproques à en parler.

Entrent également en jeu les codes culturels de perception de la réalité, les codes généraux de la sexualité et des croyances religieuses. Ainsi, le protestantisme permet une plus grande dissociation entre érotisme et procréation que le catholicisme.

La sexualité de la personne handicapée est souvent dominée par l'appréhension. Un jeune homme atteint de poliomyélite, qui marchait avec une jambe maintenue dans un appareil, racontait qu'il flirtait facilement avec des jeunes femmes, mais il ne pouvait aller plus loin, car il était inhibé à l'idée d'enlever son appareil. Lorsque s'ajoute à la paralysie une perte de la sensibilité, voire du contrôle de l'érection et de l'éjaculation, il y a bien des raisons d'être inhibé.

Pour trouver sa compagne ou son compagnon, la personne handicapée doit avant tout s'estimer elle-même, croire que la relation est possible et soumettre son handicap, sans honte, au regard de l'autre.

Quand la confiance en soi fait défaut, la personne handicapée qui rencontre quelqu'un qui l'accepte peut se dire que c'est par charité ou par pitié. Elle risque alors de s'imaginer qu'elle ne peut être heureuse en l'absence d'une sexualité conforme et de s'enfermer dans un désir de rencontre. Alors que ce qui importe, c'est d'avoir une sexualité conforme à ses capacités plutôt qu'à une norme.

Que le couple soit formé avant ou après l'accident, il est indispensable que le conjoint soit bien informé des anomalies et des difficultés prévisibles. Là aussi il faut « faire avec ». Mais l'information doit être nuancée : des explications techniques peuvent produire des effets pervers ; le vécu psychoaffectif de la femme et de l'homme n'est pas structuré de la même façon, et une « blessure » peut être ressentie différemment.

Lorsqu'une aide à la procréation se révèle nécessaire, le médecin doit prendre conscience qu'il s'implique dans un acte plus chargé d'affectivité qu'aucun autre. Il prend en compte l'histoire propre de chacun des partenaires, son degré de maturation affective et sexuelle et les intègre dans l'histoire du couple et la motivation du désir d'enfant. C'est aussi en fonction de ces données qu'il évitera l'acharnement thérapeutique en cas d'insuccès répétés et qu'il proposera éventuellement des méthodes de substitution. La souffrance du couple stérile et ses répercussions sur l'enfant issu des techniques de substitution méritent réflexion et interrogation : la résolution morale dépasse-t-elle le défaut de lien biologique ?

21

« L'acte d'amour et l'acte de poésie sont tous deux incompatibles avec la lecture du journal à haute voix »

(André Breton)

Jean-Louis, le patient qui est allongé sur la table d'examen de mon bureau, est médecin et paraplégique depuis quelques mois. Nous bavardons amicalement pendant que je l'examine. Il me raconte son accident. À quelques variantes près, c'est une histoire que j'entends chaque semaine : route mouillée, vitesse excessive, dérapage, tonneaux. Éjecté, il se retrouve étendu dans un champ. Il a très mal au dos, ses jambes ne répondent plus.

« Tu ne sens plus le chaud et le froid sur les jambes, il faudra faire attention à ne pas approcher trop près des radiateurs, tu te brûlerais sans t'en apercevoir.

– Ça ne me fait ni chaud ni froid. »

Il cultive depuis toujours un humour que la survenue du handicap a rendu un peu caustique.

« Tu sais, lui dis-je, parmi les effets de la blessure à la moelle épinière, tout n'est pas négatif. Par exemple, j'avais un cor excessivement douloureux au sommet d'un cinquième orteil, il me faisait sauter et grimacer pendant un long moment à chaque contact, l'accident m'a totalement supprimé ces crises douloureuses. Bien sûr, j'aurais préféré que le destin se contente d'une amputation du cinquième orteil plutôt que de viser si haut. »

Il me questionne.

« Le binôme chaud-froid est apparemment simple en neurologie. Pourquoi la douleur n'a-t-elle pas de binôme ?

– Elle en a un, c'est le plaisir.

– On ne l'interroge jamais.

– Tu aurais voulu que je te caresse pour savoir si tu avais encore du plaisir ou que je m'enquiers de ton orgasme ?

– Justement la perte de l'orgasme est de loin ce qui me déprime le plus.

– Combien de temps dure un orgasme selon toi ?

– Je n'ai jamais chronométré, mais j'imagine que c'est de l'ordre de 20 à 30 secondes.

– Et combien en avais-tu par semaine.

– Deux ou trois.

– Par conséquent, tu déprimes parce que tu as perdu une minute de plaisir par semaine.

– Tu oublies tous les préliminaires à l'orgasme.

– Qu'est-ce qui t'empêche de les pratiquer ?

– Je ne sens plus rien en dessous du nombril.

– Mais il y a des zones érogènes situées plus haut qui peuvent être développées et servir de compensation.

– N'en parlons plus. Pour moi dès que l'acte d'amour n'est pas normal, la sexualité est foutue.

– Tu es en train de donner raison aux psychanalystes qui affirment que le premier organe de la sexualité, c'est le cerveau. Ignorerais-tu que l'acte lui-même n'est qu'une fraction de la sexualité.

– Que veux-tu dire exactement ?

– Il y a trois fonctions dans la sexualité qui sont la relation, l'érotisme et la procréation. La première est de loin la plus importante parce qu'elle est à la fois le passage obligé et le support de toute sexualité.

– Comment définir où commence cette sexualité ?

– Les exemples ne manquent pas, en voici un : une jeune femme agréable à regarder est à Rome pour les vacances de Pâques. Sur la place Saint-Pierre ensoleillée et noire de monde, elle assiste à la bénédiction papale et se prosterne lorsque le Saint-Père apparaît. Alors qu'elle fait le signe de croix, un jeune séminariste qui s'est agenouillé près d'elle, lui dit tout en se signant : "Toute seule, señorita, par un si beau jour ?"

– Personnellement, j'ai du plaisir à regarder les aisselles des infirmières en manches courtes penchées au-dessus de mon lit et je demande souvent que l'on arrange mes oreillers. Mais cela ne m'empêche pas d'être inhibé par la relation et de penser que tout le monde me prend pour un impuissant.

– Dans ta situation, il est normal que tu sois inhibé et que tu appréhendes. Mais appréhender, c'est craindre, et aussi comprendre, approcher. Quand on t'aura informé, expliqué ta nouvelle physiologie, ce que tu peux encore offrir, ce que tu peux encore espérer, tu seras beaucoup moins inhibé.

– Et l'image de l'impuissance ?

– Si tu veux, parlons d'abord des raisons qui expliquent cette image. Tu sais que dans certaines cultures la paralysie des membres inférieurs est assimilée à une castration.

"Impotent", qui signifie "marche difficilement ou pas du tout", vient du latin *impotens* qui signifie "impuissant". Mais la publicité et certains médias ont un rôle beaucoup plus important que l'étymologie. Ils entretiennent à profusion les cultes du corps parfait et désirable et de la sexualité. Il n'y a pas de place pour le corps handicapé dans les normes esthétiques.

– Et l'image de la femme du paraplégique ?

– Elle n'a rien de particulier, même si à deux reprises j'ai entendu parler de "mal baisée". Mais c'est un qualificatif dont elle n'a pas l'exclusivité.

– Nos confrères sont-ils au moins informés ?

– Ce que je sais, c'est que pendant longtemps l'idée a prévalu chez les spécialistes, les paraplégistes comme on dit, que ce type de paralysés ne pouvaient pratiquement jamais procréer. Et les idées reçues ont souvent la vie dure. Nous avons beaucoup travaillé en équipe dans mon service sur les problèmes de procréation et avons mis au point chez le singe, puis chez l'homme paraplégique, un appareil de stimulation intrarectale qui ne fut qu'une brève étape, mais qui nous a permis tout de même quelques succès.

– Tu veux dire quelques grossesses ?

– Oui. L'un des premiers concernait un jeune couple, très motivé et persévérant, dont nous connaissions bien la famille. Après des mois d'essais répétés, la jeune femme, enceinte, est allée sans problème jusqu'au terme.

Très fier de ce succès, dis-je à Jean-Louis, je l'ai présenté dans un congrès international. Après ma péroraison, le vice-président de séance, américain, vient, très sceptique, me demander si je suis bien certain que le paraplégique était le père de l'enfant. Un bref dialogue s'engagea alors. Je lui demande :

“*Excuse my question, are you married ?* (Excusez ma question, êtes-vous marié ?)

– *Yes !* (Oui.)

– *Do you have children ?* (Avez-vous des enfants ?)

– *Yes, two !* (Oui. Deux.)

– *Are you sure... ?* (Êtes-vous sûr ?)”

Il comprend vite et n'insiste pas.

– C'est excellent, reprend Jean-Louis, mais je trouve que dans tout cela on est assez loin du romantisme de la relation amoureuse.

– Tu as raison. Plus la procréation est médicalisée, plus elle est déshumanisée. C'est pourquoi après cette courte étape, lorsqu'on a constaté que le vibro-massage répondait à la plupart des besoins, on a laissé aux couples le soin de le pratiquer dans son intimité de même que l'insémination artificielle après un petit apprentissage.

– C'est intéressant.

– Dans le même esprit, nous nous sommes efforcés d'éviter l'acharnement thérapeutique. Il faut savoir, après des échecs répétés confirmés par les spermogrammes, en venir progressivement à suggérer une autre solution.

– Je te posais la question de l'information des médecins parce qu'en matière de sexualité, les problèmes posés sont multiples et délicats : relation, érection, rapports, éjaculation, fécondité, insémination artificielle, information de l'intéressé et de sa partenaire...Y a-t-il un médecin capable de “gérer” convenablement tout cela ?

– Même dans un centre de rééducation spécialisée, même avec l'appui de médecins connaissant bien les aspects éthiques, comme généralement ceux des Centres d'étude et de conservation du sperme, on n'évite pas toujours les maladresses. D'une façon générale, on peut dire que plus la culture et la religion du soigné sont différentes de celles du soignant, plus l'attention doit se tenir en éveil pour éviter les malentendus.

Est-ce que tu connais l'expérience des Pays-Bas où un homme handicapé a constitué une équipe professionnalisée d'une dizaine de personnes, hommes et femmes, hétéro et homosexuelles qui se rendent à la demande dans les établissements hébergeant des personnes handicapées, pour satisfaire leurs besoins sexuels. Ce pays, qui est appelé “Bas” pour d'autres raisons, est souvent “en avance” sur des questions éthiques touchant à la vie de la personne humaine. Cela dit, quand on fouille les recoins de la société, on y trouve beaucoup de curiosités. Dans une capitale étrangère, j'avais été invité à déjeuner par un collègue qui voulait me faire connaître une kinésithérapeute spécialisée. Spécialité un peu particulière parce qu'elle avait une clientèle importante d'infirmes moteurs cérébraux qu'elle traitait essentiellement par des techniques de relaxation incluant la satisfaction de leurs besoins sexuels.

– Et que penses-tu de tout cela ?

– Par principe, je n'aime pas voir mélanger ce qui est personnel et ce qui est professionnel. Mais j'aimerais conclure en rappelant que tout être humain a besoin d'aimer et d'être aimé, et en citant le philosophe Paul Ricœur : "À trop rechercher le bonheur des sens, on perd le sens du bonheur."»

22

Hôpital, silence !

L'une des interventions que je subis à l'hôpital Necker, en 1975, nécessite des soins postopératoires prolongés. Ils ne peuvent être pratiqués à la maison. Et plutôt que de rester à Necker, je choisis d'entrer comme patient dans mon propre service.

J'ai cinquante-trois ans et je n'ai jamais été rééduqué. Et si incroyable que cela puisse paraître aujourd'hui, c'est la première fois que je suis admis dans un centre de rééducation.

Inciter et entraîner les malades à l'effort est depuis toujours dans nos objectifs premiers. J'ai là une bonne occasion de donner l'exemple. C'est une épreuve.

Dans les premières années de ma fonction, j'ai souffert pour reprendre le rythme du temps plein. Surtout le matin, au lever, quand la fatigue due à l'hypotension orthostatique m'obligeait à rester cinq ou dix minutes penché en avant, la tête appuyée sur le lavabo. Je retrouve ce besoin impérieux dans les suites opératoires. Mais ici, le sanitaire est rudimentaire, comprenant pour vingt patients cinq lavabos et trois WC fermés par un simple rideau. Tout est public, en somme.

Je songe à Jean Santeuil, le héros de Marcel Proust, pour qui la petite pièce destinée « à un usage plus spécial et plus vulgaire » était le lieu « de toutes celles de ses occupations qui demandaient une inviolable solitude : la lecture, la rêverie, les larmes et la volupté ».

Un ami, chirurgien et chef d'un service de paraplégiques, a employé un jour le terme de « bestialité » à propos de certains de ses malades. J'en ai été profondément choqué et je lui ai demandé s'il se représentait bien la situation d'un homme ou d'une femme qui brusquement n'est plus maître de ses fonctions les plus intimes. Le spectacle que j'ai sous les yeux dans les sanitaires me remet en mémoire cette conversation.

Il me faut consentir beaucoup d'efforts à la fois pour ne pas m'effondrer physiquement tous les matins et pour supporter la promiscuité de cet univers méphitique. Je me suis déjà trouvé dans des lieux publics où un mauvais contrôle de certaines fonctions m'a obligé à choisir entre l'impudeur et la dignité. Celle-ci a toujours eu ma préférence ; j'en fais autant ici, en m'efforçant de tenir compte de la part de fraternité que peut engendrer ce genre de promiscuité.

Mon apprentissage de patient est long. Le bruit surtout me gêne. Les coups de sonnette, les passages et les interpellations dans le couloir, le chariot tintinnabulant qui apporte les petits déjeuners tôt le matin, les voitures et les motos du personnel dans la cour... Hôpital, silence !

La lenteur des réponses aux appels m'étonne. Quand une infirmière vient un quart d'heure après l'appel me dire en s'excusant qu'elle était retenue longuement auprès d'un malade et qu'elle va venir aussitôt après, je ne doute pas de sa sincérité mais je me demande quelle est la durée de l'attente quand ce n'est pas le patron qui appelle. Certes, les urgences ne sont pas fréquentes, mais il faut savoir les discerner et répondre à temps. Je sens le poids de ma responsabilité.

Ce séjour dans mon propre service est l'occasion pour moi de réfléchir un peu plus à toutes les conséquences de cette promiscuité, que l'on retrouve dans les chambres de deux à cinq lits. J'ai dû intervenir deux fois pour apaiser un violent conflit entre deux malades dont les habitudes culturelles et religieuses étaient très différentes. Je suis aussi venu sermonner un malade entré depuis peu, qui ne s'adaptait pas à ce milieu et s'était mis à boire plus que de raison. Il a attendu la fin de mon sermon pour me rétorquer : « Et si c'était mon bonheur ? »

Me revient aussi en mémoire dans ces instants une autre anecdote, celle de ce paraplégique qui avait trouvé une bonne solution pour éviter l'impudeur. Il était toujours accompagné de son petit chien, et quand il avait une fuite urinaire, il le faisait monter sur ses genoux et le grondait publiquement. Le chien prenait aussitôt un air coupable. Il savait que, dès le retour à la maison, il aurait sa récompense.

Un architecte américain qui passait une année sabbatique en Europe est venu visiter le service et s'est étonné que les sanitaires soient aussi mal adaptés à ce type de malades. Sans trop réfléchir, je lui ai dit qu'il valait beaucoup mieux que les paralysés soient entraînés à se débrouiller dans un milieu ressemblant à leur domicile plutôt que dans des locaux modernes et spacieux qu'ils ne retrouveront pas chez eux. Et je lui ai cité quelques chiffres d'une enquête subventionnée par la Communauté européenne, qui a permis à une assistante sociale du service de visiter chez eux les deux cent cinquante premiers malades sortis du service ; cent quarante et un seulement ont des WC utilisables. Une trentaine d'entre eux étaient à l'extérieur. Ce souvenir me rassure.

Lorsque je reprends mon poste après quinze jours de convalescence, je fais enlever les deux grands tableaux des horaires qui sont l'un dans mon bureau, l'autre en rééducation et sur lesquels des punaises de couleur indiquent les différentes activités de chaque malade au cours de la journée. Après avoir vu de près toutes les pesanteurs qui freinent la préparation matinale des malades, je trouve inopportun sinon ridicule d'insister autant sur le respect des horaires et l'activité à tout prix. Le culte de l'effort est bien ancré dans le service, cela doit suffire.

En réfléchissant aux changements d'orientation du service depuis son ouverture, le doute m'envahit. J'ai peut-être eu tort d'ignorer les mises en garde, de braver les obstacles prévisibles dus à la lourdeur des malades, à l'exiguïté des locaux, mais aussi à la difficulté de trouver du personnel de manutention des malades dans une ville essentiellement bourgeoise et entourée d'une forêt, de le former. Le niveau de ceux qu'on appelle les garçons de salle est très variable, surtout au début. Une infirmière demande à l'un d'eux : « Voulez-vous mettre les chaussures à M. Dumas ? » Il revient dix minutes après : « Je ne peux pas les mettre, elles sont trop petites pour moi ! »

Au cours de ma carrière, j'ai vu dans mon service comme dans ceux de mes collègues, le travail hospitalier influencé par l'évolution de la société de deux façons. La première est l'inflation paperassière, conséquence de l'emprise croissante de l'administration, de sa volonté de tout contrôler, de la mode des statistiques et des grilles... qui peut amener à se demander si tous les facteurs humains peuvent être « grillés ». La seconde est une baisse de l'intérêt au travail chez une partie des soignants. Comme si se dégradait l'esprit de service qui était la fierté des personnels de santé. Dans son livre *Arcadie ou le mieux être*, Bertrand de Jouvenel notait déjà, il y a quatre ou cinq décennies, que la société avait tendance à substituer des satisfactions de consommation aux satisfactions de production. Je suis sans doute un affreux passéiste, mais j'ai vécu le passage des quarante-cinq aux quarante heures et je frémis en voyant les trente-cinq heures appliquées au service hospitalier. Alors même que les infirmières ne sont pas assez nombreuses. Pour les malades, les conséquences sont évidentes : les soignants sont moins disponibles, moins proches et moins motivés. Il y a heureusement des exceptions, j'en connais.

Avant mon séjour dans le service, je m'étais promis que je ne profiterais pas de ma situation d'hospitalisé pour écouter et regarder en tant que chef de service. Mais il m'est impossible de ne pas relever quelques fautes d'asepsie tout à fait contraires à ce que je préconise, ni de voir en passant chez un patient entre les mains d'une soignante quelques gestes ambigus dont l'interprétation me laisse perplexe.

Lorsque je réunis mes principaux collaborateurs pour les inciter, exemples à l'appui, à une plus grande vigilance sur les gestes d'asepsie et sur la tenue du service, ils ne sont pas gênés, posent des questions et la réunion est constructive. Infirmières et kinésithérapeutes ont un point commun : ils aiment leur travail et sont toujours prêts à l'améliorer.

Mais le profit majeur que je tire de cette expérience concerne sans doute mon regard sur les patients. Je croyais jusque-là bien comprendre leurs problèmes parce que je les avais vécus. En fait je ne les avais jamais vus en situation.

Je saisis aussi cette occasion de réfléchir sur le langage médical. Pourquoi dans les publications désigner la population de malades étudiés par l'expression « matériel d'étude » ? Je crois qu'aujourd'hui on emploie plus volontiers le terme de « population étudiée ». Pourquoi employer le mot « chances » de complications alors qu'il s'agit de « risques » ? La résonance chez celui qui entend chaque mot ne doit pas être la même. Pourquoi compliquer le langage quand il s'agit de choses simples : « La colopathie fonctionnelle n'est qu'un travestissement somatique de l'anxiété. » Mon grand-père disait plus clairement : « La frousse, ça donne la colique. » On parle beaucoup du colloque singulier cher à Georges Duhamel. Mais dans les colloques pluriels, il s'agit toujours de relation médecin-malade et jamais de relation malade-médecin.

Il m'arrive de m'amuser à l'idée que, dans un hôpital, un groupe de malades se réunirait en amphithéâtre pour faire une présentation de médecins, comme on fait les présentations de malades, en présence d'un représentant de la corporation. Y a-t-il de beaux médecins comme il y a de beaux malades, ceux dont l'histoire typique sert d'exemple et peut donner lieu à publication ?

On parle beaucoup du nécessaire consentement du malade ; mais pour les actes simples de l'infirmière, le patient n'a généralement pas le temps de répondre : « Je vous fais un prélèvement de gorge et ensuite les gaz du sang. D'accord ? » Ce « d'accord ? » est un faux interrogatif, c'est en fait un affirmatif, qui n'attend pas de réponse. Lorsqu'en tant que malade je me suis amusé un jour à répondre « non » à ce « d'accord ? », mon infirmière a été si surprise qu'elle n'a pas réagi pas sur-le-champ, mais est revenue un instant après pour une brève explication, ce qui m'a permis de conclure : « Le *non* était un faux négatif. D'accord ? »

Conscients des risques que courent les jeunes infirmières et aides-soignantes, nous les mettons en garde, le surveillant général et moi, lors de leur prise de fonction. Elles doivent savoir que leurs patients peuvent avoir certaines réactions involontaires lors des toilettes intimes, que les soins de peau nécessitent souvent la nudité des malades dont certains font une habitude, que la moindre ambiguïté de la part de soignantes peut être interprétée comme une réponse à une quête affective, enfin que les patients entièrement paralysés retrouvent l'état de dépendance inconditionnelle du nourrisson et peuvent mettre à l'épreuve l'instinct maternel du personnel féminin.

Bien entendu, ces mises en garde ne sont pas toujours suffisantes et ma position est parfois délicate. Quand une liaison s'établit entre une jeune et agréable infirmière bretonne et un malade, breton lui aussi, atteint d'une affection évolutive, plusieurs membres du personnel interviennent auprès de moi : « On ne peut pas laisser faire ça. » Du moment que les rencontres se font en dehors du service, je ne me sens aucun droit à intervenir. Si l'infirmière ou le malade veut me voir, je les recevrai.

Elle me demande un rendez-vous. C'est une jeune femme sérieuse, déjà très engagée, mais aussi très désireuse d'avoir mon avis. Je réponds, dans la mesure où je le peux, à toutes ses questions sur la maladie de ce garçon et son évolutivité. Puis elle m'interroge brusquement : « Que pensez-vous de notre projet ? » Dans les quelques situations de ce genre que j'avais connues, j'ai toujours répété que je n'avais pas à juger et que le plus important me semblait être que chacun ait une connaissance approfondie de l'autre, y compris bien entendu des contraintes actuelles et si possible futures imposées par le handicap. L'infirmière et le jeune homme en ont déjà parlé et prévoient une installation matérielle bien adaptée.

« En avez-vous discuté avec vos parents ?

– J'ai parlé de handicap, de fauteuil roulant, mais pas de maladie évolutive.

– Vous habitez chez eux ?

– Nous sommes en train de faire construire une maison à côté. »

Nous en restons là. Le garçon attend pour sortir que la maison soit terminée et le mariage a lieu quelques mois plus tard.

23

**« Pourquoi donc citez-vous un certain Aristote en grec ?
– C'est, répliqua le savant, qu'il faut bien citer ce qu'on ne comprend point du tout dans la langue qu'on entend le moins »**

(Voltaire, *Micromégas*)

Lors des dix premières interventions que j'ai subies, j'ai toujours eu d'excellents rapports avec les anesthésistes. À ma surprise, il en va différemment lors de la onzième, pourtant pratiquée dans un hôpital que je connais bien et que j'apprécie, mais où je n'ai jamais été opéré.

Du fait de l'insuffisance respiratoire, il apparaît préférable au chirurgien que je consulte préalablement le service d'anesthésie. Je m'y rends donc et rencontre d'abord le chef de service auquel je fais part rapidement des risques particuliers à mon état. Il m'écoute poliment sans manifester un intérêt excessif puis, avec son fort accent étranger, appelle une de ses assistantes à qui il me confie :

« Encore un tétraplégique. Y a que ça ici, me dit-elle, en guise d'entrée en matière.

– Le chirurgien préfère que je consulte chez vous avant l'intervention.

– Moi, si demain j'étais tétraplégique, je m'arrangerais pour ne pas survivre. J'ai plus de cinquante ans, j'ai un grand fils et je suis séparée de mon mari. Je n'attends plus rien.

– Je vous comprends, bien qu'il soit toujours difficile de prévoir comment on réagira devant un tel événement. »

Elle m'interrompt :

« Oh ! moi, je n'aurais aucune hésitation.

– Excusez-moi ; je ne suis pas tétraplégique depuis hier mais depuis cinquante-cinq ans, alors je suis habitué.

– De toute façon, je ne serai pas là pour l'intervention, je pars en vacances demain !

– Je vous les souhaite excellentes. »

Elle veut bien prendre pour ses collègues quelques notes sur les risques inhérents à mon état. En la quittant, je la remercie de son accueil confraternel.

Je n'ai pas plus de chance avec l'anesthésiste chargé de m'endormir. Répondant à peine à mon bonjour, il me fait conduire dans une salle nue et froide. Il arrive quelques instants plus tard, et sans un mot enlève ma canule trachéale, en introduit une autre à ballonnet. Je tousse, je tousse, je tousse. Visiblement, il s'en fout. Puis il pose une aiguille à perfusion dans le bras, une autre au-dessus de la cheville. Je risque une phrase : « Est-ce que ça peut avoir des inconvénients une perfusion dans une jambe où il y a une stase circulatoire ? (Je pense bien sûr au risque de phlébite.) – De toute façon, je ne m'en servirai pas. » Je me garde bien de demander pourquoi, dans ce cas, il la pose.

Nos échanges en restent là. Le téléphone sonne, le chirurgien fait prévenir qu'il arrive et que l'on commence l'anesthésie. Je ne verrai donc pas le chirurgien avant l'intervention. Mais j'ai eu avec lui une longue et amicale conversation deux semaines plus tôt.

Après l'intervention, je ne revois pas l'anesthésiste, pas plus que le chirurgien, parti en vacances. Il est vrai que c'était une petite intervention.

L'adjectif « petit » est souvent utilisé par les soignants : « Je vais vous faire une petite piqûre », « Vous sentirez une petite douleur », « Vous avez une petite tumeur », « On vous fera une petite anesthésie ». La grandeur de la médecine ne reposerait-elle que sur une somme de petites choses ?

24

« Sois sage, ô ma Douleur, et tiens-toi plus tranquille »

(Baudelaire)

Monsieur Migot, entré hier dans le service, est en première consultation dans mon bureau. Nous parlons de la maladie (ce n'est pas un accident) qui l'a paralysé, de sa profession, de sa famille...

En l'écoutant, je me demande s'il n'a pas quelques difficultés à articuler correctement les mots, ce qui signerait une atteinte neurologique précise. Pour le savoir, il est classique de faire dire au patient des mots ou des phrases avec beaucoup de r, par exemple répéter 33, 33... ou encore faire dire « artilleur au 33e régiment d'artillerie ». Je dis donc à monsieur Migot : « Voulez-vous répéter après moi : j'étais artilleur au 33e régiment d'artillerie ? »

Il écarquille les yeux et s'exclame amusé : « Ah ? vous y étiez aussi ? »

Nous rions un moment avec mes collaborateurs. Puis je lui dis : « Puisque vous étiez dans ce régiment, dites-le-moi. »

Il s'exécute et je peux lui affirmer que tout est normal de ce côté.

En partant, il se retourne :

« Docteur, avec cette histoire de régiment, j'allais oublier de vous dire, je souffre dans mes jambes.

– Est-ce que cela vous empêche de dormir ?

– Non, pas pour le moment.

– Voulez-vous que nous en parlions plus longuement à la visite dans deux jours.

– Oui, d'accord. »

À la visite dans sa chambre, je me garde bien de lui en parler le premier. C'est pour moi un principe thérapeutique : ne pas réveiller la douleur quand elle est endormie. J'essaie plutôt de mobiliser son attention en demandant à l'infirmière chef les résultats des examens qui ont été pratiqués et qui sont normaux. Mais il revient à la charge : « Vous savez, docteur, mes jambes me font de plus en plus mal. »

Autre règle thérapeutique que je me suis fixé : toujours écouter patiemment le malade qui exprime sa plainte. Il me semble en effet que le refus d'écoute de la douleur risquerait de l'exacerber et qu'elle doit être respectée.

Lors de la visite dans sa chambre, monsieur Migot est très démonstratif. Il me détaille avec force gestes les sensations qu'il éprouve : « Ma jambe est comme écrasée dans un étau. » Il grimace et crispe sa main pour me montrer.

« Ce genre de douleur est assez fréquent chez les paraplégiques, mais votre état neurologique n'est pas stabilisé. Vos jambes ont déjà un peu récupéré puisque vous pouvez tenir debout. Les manifestations sensitives vont sans doute évoluer.

– J'ai aussi par moments des décharges électriques qui me font sauter et qui laissent pendant des heures comme des brûlures dans les jambes. Qu'est-ce qui peut expliquer ça ?

– Je voudrais bien le savoir, mais les voies de la douleur sont aussi impénétrables que celles du Seigneur. Ce dont je suis sûr, cependant, c'est que les douleurs diminuent généralement avec l'augmentation de l'activité. Il faut donc s'occuper. »

À chaque visite, ce sont les mêmes litanies avec les mêmes mimiques. Peut-être agacé parce que je ne l'interroge pas sur sa douleur, monsieur Migot me dit un jour : « On voit bien que vous ne souffrez pas, vous, docteur. »

– Si les médecins n'avaient pas les mêmes misères que tout un chacun, ce serait la ruine pour la profession. Il y a déjà trop de médecins.

– Et qu'est-ce que vous faites, quand vous avez mal ?

– D'abord, je prends le moins de médicaments possible, et les plus inoffensifs, et surtout, surtout, je cherche à occuper la tête.

– Et pourquoi ?

– Tout simplement parce que le risque, avec la douleur, c'est qu'elle envahisse la pensée. Il faut donc mobiliser impérativement cette pensée vers des occupations suffisamment intéressantes. Vous avez peut-être observé que si vous avez une rage de dents, vous avez moins mal, vous allez même quelquefois jusqu'à oublier momentanément votre douleur, si vous avez l'esprit occupé par une conversation, une lecture, une distraction qui vous intéressent.

– C'est facile à dire !

– Tenez, je vais vous en donner une preuve. Lors de votre première consultation dans mon bureau, vous m'avez dit en sortant : Avec votre histoire de régiment, j'allais oublier de vous dire que j'avais mal aux jambes. C'est donc que le régiment avait davantage occupé votre pensée que la douleur pendant un bon moment.

– Je ne peux pas toujours mobiliser mon esprit et je voudrais être soulagé.

– On va vous donner un traitement, dès maintenant. »

En quittant la chambre, je demande à l'interne de lui donner un antidépresseur.

« C'est un grand psychopathe, me dit-il.

– Qu'est-ce qui vous permet d'affirmer cela ?

– Tout son comportement verbal et gestuel. D'ailleurs, vous lui prescrivez un antidépresseur.

– Mais ce médicament n'est là que pour l'aider dans son expérience de la souffrance. Lui mettre une étiquette de psychopathe, c'est prendre le risque inutile d'influencer l'attitude du personnel soignant qui va le regarder comme un malade mental. Il s'en apercevra forcément et cela ne pourra qu'augmenter ses douleurs. Avez-vous déjà souffert fortement pendant plusieurs jours ?

– Non, je n'ai certainement pas votre expérience sur le sujet.

– Je me suis beaucoup intéressé à la douleur avant qu'elle ne s'intéresse à moi. Je crois que c'est une expérience utile pour comprendre l'homme souffrant. Et je sais qu'il peut y avoir chez les paraplégiques des douleurs à la limite de la tolérance humaine. »

Quelques mois plus tard, je reçois monsieur Migot seul à seul dans mon bureau, peu avant sa sortie du service. Il a fait effort pour s'occuper et il a des projets dans ce sens. « Mais il y a des jours où c'est très dur », me confie-t-il. Il redoute l'affrontement avec les difficultés professionnelles et quelquefois familiales. J'essaie de le rassurer et lui redis combien j'ai trouvé son épouse réceptive et compréhensive. Je le mets en garde contre la recherche de conseils thérapeutiques, les risques d'accoutumance aux médicaments, d'inhibition des systèmes de défense naturelle, voire d'un geste chirurgical insuffisamment compétent. Et je lui promets de le reprendre dans trois mois et de le montrer à notre neurochirurgien s'il souffre toujours autant.

En partant, il plaisante : « Je vais essayer de retrouver quelques copains de régiment pour m'occuper. »

Quelques mois plus tard, nous le convoquons pour un bilan. Il répond aussitôt. Il est très occupé, tout va bien, il n'a pas du tout envie d'être réhospitalisé. Il ne parle pas de ses douleurs. On voudrait que toutes celles dont souffrent bon nombre de paraplégiques puissent être ainsi maîtrisées.

25

« Et un sourire
La nuit n'est jamais complète.
Il y a toujours, puisque je le dis,
Puisque je l'affirme,
Au bout du chagrin
Une fenêtre ouverte,
Une fenêtre éclairée.
Il y a toujours un rêve qui veille, désir à combler, faim à satisfaire,
Un cœur généreux,
Une main tendue, une main ouverte,
Des yeux attentifs,
Une vie,
La vie à se partager. »

(Paul Eluard)

C'est un sujet délicat qu'introduit ce beau poème de Paul Eluard. Pourquoi parler ici du suicide ? Simplement parce que la vie avec une para ou une tétraplégie est souvent difficile à assumer et que tous les centres de rééducation, où les blessés réalisent que les séquelles sont définitives, ont connu des malades qui ont préféré mettre fin à leurs jours plutôt qu'entrer ou rester dans une vie qui, selon eux, ne valait pas la peine d'être vécue. Jouent sans doute aussi un rôle les exigences matérielles de la paralysie, jointes au fait qu'à cette époque la couverture des accidents par les assurances est faible, voire inexistante. Il n'en est plus de même aujourd'hui, heureusement.

De retour après une semaine de vacances, je suis à peine entré dans le service que l'on m'apprend la nouvelle : l'un de nos patients, monsieur C., s'est donné la mort.

Dans la lettre qu'il a laissée pour moi, il me prie de l'excuser. Il explique longuement comment il en est arrivé là. Instituteur, il a voulu reprendre sa place dans la société. Ses élèves se sont moqués de lui, en particulier quand il s'interrompait brusquement pour satisfaire un besoin impérieux ou cacher une fuite d'urine. Chez lui, il a pu constater avec amertume que le chien n'était ni humilié ni déconsidéré quand parfois il faisait ses besoins la nuit dans le séjour. Lui, le chef de famille, s'est senti inhibé dans ses modestes projets et coupable d'exister. Il a voulu se suicider loin de chez lui pour que son fils ne connaisse pas le drame.

Bien qu'il soit paraplégique, ou peut-être parce qu'il l'était, il a choisi de se laisser tomber par la fenêtre du troisième étage pour s'écraser la tête la première sur la terrasse cimentée du premier.

Le lendemain, je réunis le personnel soignant pour connaître les répercussions sur le climat de la maison. Leurs réactions de même que celles des pensionnaires sont surtout une interrogation : pourquoi ce geste ? pouvait-on le prévenir ? La discussion est délicate. Il faut d'abord éviter de réveiller la culpabilité que chacun porte en soi. La kinésithérapeute de monsieur C. rappelle opportunément que son patient avait un comportement particulier, qu'il vivait beaucoup dans l'imaginaire, comme en témoignait sa série d'articles parus dans *Coude à coude* sur le « vaisseau spatial » où étaient embarqués les paraplégiques qui pouvaient y évoluer sans aucune difficulté, où l'entente entre les hommes était très idéalisée.

Je confirme, en rappelant l'opinion du psychiatre consultant du service auquel nous l'avions présenté. Puis j'insiste sur la souffrance que ce geste traduit et qui, comme toute souffrance, mérite le respect. La souffrance est un mystère, une expérience incommunicable, non partageable, qui peut aller jusqu'au vécu intolérable. Tous les centres de rééducation qui reçoivent des personnes gravement paralysées connaissent quelques cas de suicide. L'ambiance du service est tonique, stimulante. Nous n'avons rien à nous reprocher.

Notre directeur déclare le drame à l'administration de tutelle. En réponse, un sous-directeur lui demande de prendre toutes les dispositions nécessaires pour qu'un tel fait ne se reproduise pas !

Quand j'allais à l'hôpital de Garches, peu de temps avant de prendre mes fonctions à Fontainebleau, je discutais de temps à autre avec un grand gaillard d'une trentaine d'années, entrepreneur, qui mesurait au moins un mètre quatre-vingt-dix et qui était devenu paraplégique. Souvent, il me disait ne pas comprendre comment je supportais mon handicap. Il me semblait cultiver un peu trop le pessimisme, mais en même temps il avait de l'humour et était sympathique. Un jour, il m'a informé qu'il allait faire un voyage en Grèce. Il avait loué un bateau, trouvé une belle fille pour partir avec lui. Quelques jours après son retour, il a mis fin à ses jours, selon un programme longuement mûri et préparé à l'avance.

Un ami chef de service dans un hôpital parisien me demande un jour de rencontrer un jeune agrégé de philosophie, tétraplégique, qui ne supporte pas son état et a décidé de mettre fin à ses jours. Je vais le voir avant sa sortie du service. Malgré une longue discussion, il maintient sa position ; tout est organisé avec sa sœur, qui s'est engagée à l'aider. Mon ami hésite : ou bien il fait sortir ce malade avec les risques de le voir disparaître rapidement, ou bien il le garde dans son service, mais au détriment de ceux qui sont sur la liste d'attente, et pour combien de temps ? Finalement, il faut bien décider la sortie. Quelques jours plus tard, mon ami apprend que, comme promis, la sœur de son patient lui a administré une injection mortelle.

Dans mon service, un cultivateur qui parlait peu, mais participait normalement à toutes les activités, est un jour retrouvé allongé sur son chariot, exsangue, une artère fémorale sectionnée par une lame de rasoir alors qu'il était sorti en forêt avec d'autres.

Un autre très indiscipliné, perturbateur, est quelquefois privé de sorties en fin de semaine pour lui rappeler les règles de vie dans une collectivité. Il exerce alors auprès du personnel un chantage au suicide. Un jour, inquiet, je téléphone au médecin du service qui nous l'a adressé. La réponse me soulage : « Il en faisait autant chez nous. » Cet homme-là n'est jamais passé à l'acte.

Troisième exemple, cet autre patient, très déprimé dans le service, menaçant, qui n'a jamais voulu prendre d'antidépresseurs et a attendu sa sortie ; nous avons appris, quelques jours après, qu'on l'avait retrouvé mort au fond d'un ravin sous sa voiture.

La part entre ce qui est chantage et ce qui est ferme intention est quelquefois difficile à faire. Je me souviens d'un patient qui me téléphonait souvent le dimanche matin chez moi pour m'annoncer qu'il allait se tuer à son domicile. Un lundi matin, sans que je lui demande quoi que ce soit, il me dit : « J'ai eu peur de salir le tapis de ma mère... »

Dès mon adolescence, j'ai rencontré le suicide. Deux épisodes, l'un léger, l'autre grave, ont marqué mon parcours.

J'ai treize ans, et j'exerce un chantage au suicide à l'encontre de ma mère qui vient de me refuser d'aller jouer avec des copains assez éloignés. Je menace, monte dans ma chambre et m'enferme. Affolée, ma mère prévient mon père qui me somme d'ouvrir la porte. Le ton est tel que je ne mets pas longtemps à obtempérer. Mon père m'adresse alors un magistral coup de pied aux fesses. Jamais je n'ai descendu les escaliers aussi vite et jamais je n'ai eu envie de recommencer un tel chantage.

Je retrouve une situation similaire quelques décennies plus tard quand ma belle-sœur me téléphone, très inquiète devant les menaces de suicide de son fils âgé de quinze ans. Je connais bien le gaillard qui, comme moi, fait marcher facilement sa mère, et je lui raconte ma petite histoire. Elle est rassurée... à 99 %.

J'ai dix-sept ans lors du deuxième épisode. Louis, un proche parent, âgé d'à peine trente ans, vit depuis quelques années avec mes parents et moi, il nous aide. Nous convoyons souvent des chevaux ensemble pendant mes vacances. Il est un peu sombre et renfermé, ce qui ne l'empêche pas de me sermonner quand, avant mon bachot, je vais trop souvent courir le guilledou.

Une nuit, je l'entends à plusieurs reprises marcher et s'agiter dans sa chambre qui jouxte la mienne. Au petit matin il sort, je me lève pour regarder à travers les persiennes et le vois partir à bicyclette, tenant d'une main sur son guidon une corde enroulée. Comme il n'est pas revenu le soir, je me rends avec un voisin sur le lieu où il travaille, à quelques kilomètres. Sa bicyclette est là, près des écuries, seule. Après avoir appelé et cherché en vain dans les bâtiments, nous battons la forêt voisine. Louis s'est pendu. C'est un spectacle que je n'oublierai jamais. Aujourd'hui, soixante ans plus tard, je suis soulagé de pouvoir enfin en parler.

L'abandon de soi-même après le retour à la maison est une forme de suicide un peu particulière chez les paraplégiques, que j'ai rencontrée une fois au moins. L'état de paraplégique entraîne en effet des risques permanents de complications qui impliquent la vie durant une prise en charge vigilante de l'intéressé. Certains n'ont pas la capacité pour assurer cette surveillance et vont de complications en complications, mais d'autres ne le veulent pas et s'abandonnent. Ils refusent le défi que leur situation propose.

Quand la paralysie des bras est très importante et la dépendance totale, la question de l'aide à la mort demandée peut se poser. Dans plusieurs pays, la presse a largement rapporté des procès pour l'aide à la mort. Des propositions de loi ont été discutées. Et récemment en France, le Comité national d'éthique vient de se déclarer favorable à une euthanasie d'exception. Cet avis, qui traduit l'évolution d'une société qui ne supporte plus la souffrance et n'attache plus la même valeur à la vie et à la mort, n'est-elle pas une porte ouverte sur l'eugénisme ?

On imagine la difficulté qu'il peut y avoir à discerner les situations où l'euthanasie pourrait se justifier. Est-ce lorsque le suicide n'est pas physiquement réalisable ? Il faudrait une expertise médicale pour chaque cas. En fait, jusqu'ici, les procès ont consisté à estimer si la vie n'était pas ou plus supportable, jugement bien risqué sur le vécu d'autrui.

La prévention du suicide consiste, devant toute manifestation de souffrance, à éviter le rejet, à écouter et à s'efforcer de comprendre, à lutter contre la solitude, à donner des traitements antidépresseurs. Mais, on l'a vu, toutes les intentions de suicide ne sont pas décelables.

L'idée même du suicide peut aider à vivre. Dans les moments difficiles, elle est un recours pour le jour où l'évolution de la maladie, la vieillesse, la perte d'un être cher ou d'un soutien majeur, deviennent insupportables. Elle permet au moins de différer et de gagner du temps.

26

« Le signe de l'âge, c'est l'absence de curiosité »

(Stendhal)

Je dois assister à un congrès à Vérone et comme nous avons projeté, Paule et moi, de revoir Venise et les environs à cette occasion, je me rends dans une agence parisienne spécialisée pour organiser le voyage.

Alors que nous venons de nous arrêter dans une petite rue, que mon pilote vient de sortir mon fauteuil du coffre et s'apprête à m'y transférer, un homme sans âge, le visage rouge et les yeux injectés, visiblement ivre, s'approche et veut absolument m'aider. Il est italien et porte sur son bras quelques vestes de daim qu'il désire vendre. J'ai beaucoup de mal à lui faire admettre que je ne suis pas acheteur, je ne peux que lui répéter avec un signe de dénégation : « *Grazie, grazie.* » Il insiste, de plus en plus agressif, au point de provoquer un petit attroupement. Comme je suis enfin dans mon fauteuil, il me lance avant de se résigner, et sur un ton méchant : « *Finita la vita, finita la vita !* » et, comme il craint que je ne comprenne pas, il répète à mon intention : « Finie, la vie ! » Il ne sait évidemment pas que, au sens où il l'entend, ma vie est finie depuis trente-cinq ans. Et moi je ne songe pas un instant que trois mois plus tard, ma deuxième vie sera effectivement terminée puisque je serai retraité et que le passage se révélera très difficile. À la perte des satisfactions professionnelles et d'une certaine position sociale s'ajouteront des soucis de santé. J'aurais dû m'en douter.

Un de mes maîtres qui m'était cher a souffert dès sa retraite d'une recrudescence de douleurs du dos qui l'ont amené à consulter successivement trois de ses anciens élèves, devenus patrons. Le troisième lui a trouvé un petit traitement qui l'a apaisé enfin.

Un autre patron, chirurgien et chef d'école connu, m'a raconté en détail et non sans humour les consultations des premiers temps de sa retraite et comment il la vivait. Il me dit un jour : « Je suis à un âge où les honneurs tombent sur moi comme par pesanteur. Cela m'aide à vieillir. » Comme beaucoup de nouveaux retraités, il s'intéresse alors davantage à sa santé, se découvrant des petits maux jusqu'ici masqués par le travail, éprouvant le besoin de faire le point sur des problèmes respiratoires qu'il avait depuis des décennies. Il ne manque pas d'humour et sait se moquer de lui-même.

Il commence par prendre rendez-vous avec un pneumologue, chef de service hospitalier. Celui-ci le reçoit cordialement – mon ami note tout de même que son collègue a gardé sa capote par-dessus sa blouse bien repassée – et l'envoie à un de ses assistants pour une série d'examens complémentaires qui durent toute la matinée. Il se souvient tout particulièrement de la spirographie où un kinésithérapeute, avec beaucoup d'autorité, l'a incité à plusieurs reprises à participer davantage : « Soufflez, soufflez, soufflez plus fort ! » Le dossier contenant les résultats revient entre les mains du patron qui, d'un ton à peine condescendant, explique qu'il n'y a aucune raison de s'inquiéter, minimise les symptômes et ne donne aucun traitement. Notre chirurgien fait l'apprentissage du rôle de malade après avoir assumé pendant longtemps celui d'un grand chef d'école.

Les malades n'aimant généralement pas qu'on ne les prenne pas au sérieux, il n'est donc pas satisfait de cette consultation et, de retour chez lui, décide de s'en remettre à un médecin généraliste à compétence pneumologique, qui a une certaine réputation dans la région. Il téléphone ; l'employée chargée de donner les rendez-vous lui répond : « Il faut être là à 9 heures du matin. Quel est votre nom ? » Il donne son nom, mondialement connu de tout le milieu médical de sa spécialité. « Comment dites-vous ? » Il répète plus lentement. « Pouvez-vous épeler ? » « C'était bien la première fois de ma vie que j'épelais mon nom », me dit-il. Quelques années plus tôt, à l'ouverture d'un congrès international qu'il présidait à Persépolis, un avion écrivait dans le ciel « Bienvenue au professeur... ! »

Il rit de sa mésaventure et je lui récite le quatrain de Tristan Derème :

La gloire éclôt, jaunit, se fripe
Et s'effeuille de l'aube au soir.
Et j'aime mieux fumer ma pipe
Que renifler un encensoir.

Il continue à se raconter et à se moquer de lui-même. Dans la rue de son village, il croise un couple dont il a opéré le mari. L'épouse, confondue de reconnaissance, s'épanche. Il les convie à l'apéritif. Les épanchements redoublent au point que le mari a les larmes aux yeux. Son émotion fait pleurer sa femme. Remué par les louanges, notre chirurgien retraité ne peut empêcher les larmes de couler. Et sa femme gagnée par l'émotion se met au diapason. Ils pleurent tous les quatre !

Quelques années plus tôt, lors d'une cérémonie officielle à l'Académie où il venait d'être élu, une femme de lettres connue lui remettait son épée. Sans émotion apparente, il l'avait écoutée faire son éloge. Elle pouvait témoigner de sa grande compétence, racontant qu'il l'avait opérée pour une jambe plus courte que l'autre et qu'après l'intervention, c'était l'autre qui était devenue plus courte...

Au moment du passage à la retraite, la perte de la représentation sociale réveille peut-être le spectre de l'âge. Plus il vous hante, moins on se voit vieillir. On voit mieux les autres et il n'est pas rare qu'après la rencontre d'un ami on observe qu'il a « pris un coup de vieux ».

Aux soucis de santé peuvent s'ajouter des blessures d'amour-propre. J'ai entendu plus d'une fois le successeur d'un chef de service répéter une phrase du genre : « Le patron ne s'occupait pratiquement plus de son service, le niveau a beaucoup baissé... » Sous-entendu : « Je vais le remonter. » Dans un hôpital de province, l'assistant principal qui était là depuis une vingtaine d'années et qui succédait à un patron un peu charismatique mais qui avait bien facilité sa nomination dit à un journaliste qui l'interviewait : « Pour moi, la médecine doit être modeste. » Il aurait pu ajouter : « Et moi, pour la modestie, je ne crains personne... »

Pendant toute ma vie professionnelle, j'ai soigné et conseillé des centaines de malades, voire quelques milliers. Dès mes premiers mois de retraite, je n'en ai plus qu'un en charge : moi, et aucun ne m'a jusqu'ici autant empoisonné. Ma santé me rend malade.

Je réalise que je suis depuis plusieurs années sur la pente descendante du vieillissement. Elle s'accélère et me fait franchir à rebours toutes les étapes que j'ai vécues. Les victoires de jadis deviennent autant de défaites, sources de nouvelles servitudes. Je ne suis plus en état de partir seul avec Paule, et les voyages me manquent. Fort heureusement, Paule connaît alors, grâce à Pascale Chaigne, un groupe lyonnais animé par un « tour leader » érudit et sympathique. Avec lui, elle fait pendant quelques années de très beaux voyages. Je l'y encourage fortement, à la fois parce qu'elle y trouve beaucoup de satisfaction et parce que, je crois, cela me déculpabilise.

Mais il faut que je m'occupe, absolument. Je dois terminer d'abord un livre sur la paraplégie, rédigé avec une cinquantaine de collaborateurs et entrepris un an avant ma retraite. Puis je commence pendant deux ans une licence de lettres modernes à Censier. J'y suis un « vieux », détonnant parmi des jeunes et je tiens à participer. La plupart des cours magistraux m'ennuient, mais les travaux pratiques sont vivants. J'y présente une étude sur *La peste*, qui m'intéresse beaucoup et me fait mieux connaître l'attachante personnalité de Camus. *La peste* est le plus antichrétien de ses livres, c'est le vide de l'éternité et l'absurdité du monde. Mais Tarou et le docteur Rieux sont des personnages intéressants. Une grève de trois semaines pendant lesquelles la faculté baigne dans les graffitis et les ordures me décourage. L'obligation de reprendre des langues mortes ou encore de se perfectionner en anglais y contribue sans doute.

Enfin j'ai l'occasion de poser ma candidature au conseil d'administration de l'Association des paralysés de France (APF). Un ami de longue date, chef de service hospitalier, à qui je fais part de ce projet, se moque : « Que vas-tu faire dans cette galère où aucun médecin n'a jamais pénétré ? » Je connais depuis trente ans l'APF, sa réputation d'institution misérabiliste, dépassée, repliée sur elle-même. Mais j'ai été content de pouvoir utiliser son réseau social, le seul existant, pour le retour à domicile de mes malades. Et j'ai souvent déploré que le milieu associatif et le milieu médical de la réadaptation n'aient pas vu qu'ils pouvaient être parfaitement complémentaires. Je connais les raisons historiques de cette ignorance réciproque.

Depuis sa naissance en 1933 et pendant plus de vingt ans, l'APF a été seule sur le terrain. Elle a constaté, révoltée, que médecins et chirurgiens ne tenaient aucun compte de la situation scolaire ou professionnelle de leurs patients. Il était fréquent de voir des enfants avec des retards scolaires de deux ou trois ans, du seul fait de traitements qui auraient pu être entrepris pendant les vacances.

Dans les années 1950, ce fut l'avènement de la médecine de réadaptation, qui se définissait comme une médecine de la personne dans son ensemble et non plus comme celle de l'organe malade pris isolément. En s'intéressant alors à tous les aspects, les médecins spécialisés ont inévitablement mordu sur le territoire de l'APF et provoqué des points de friction. Chacune des parties a dû s'y adapter. La paix a fini par s'installer, une paix armée.

Peu après mon élection, en 1984, au conseil d'administration, j'écris au président pour suggérer la création d'un comité médical et scientifique. Sa réponse est un modèle de correspondance diplomatique. Il a déjà réfléchi au rôle que je pourrais jouer au sein du conseil et me précise les thèmes sur lesquels je pourrais orienter mon action. Il souhaite « remettre à un peu plus tard » l'étude et la création d'un véritable conseil médical et scientifique, qui doit « tenir compte de toutes les données » qui se révéleront « au cours de l'étude préliminaire » que j'en ferai.

Comme je lui ai indiqué que des collègues m'ont demandé de conduire une délégation chez le président Mitterrand, il m'énumère par écrit les points sur lesquels les médecins peuvent intervenir et ceux qui n'ont « rigoureusement rien à voir avec la médecine ». Je tiens trop à mon indépendance et à mes habitudes de médecin de réadaptation pour tenir compte de ces remarques, et je ne réponds pas. La délégation reçue par Mme Ségolène Royal n'obtient rien, ce qui simplifie la suite.

Quelques échanges épistolaires avec le président de l'association sont, bien entendu, complétés par des discussions où la courtoisie, puis l'amitié ne sont jamais prises en défaut.

Pendant quelques années, j'organise à l'APF des réunions tout à fait informelles auxquelles j'invite des personnalités du monde du handicap et des collègues, tous choisis en fonction du sujet traité, qui a toujours des résonances d'ordre médico-administratif et éthique.

En 1989, je propose « La prévention du handicap » comme sujet du prochain congrès biannuel qui doit se tenir à Nantes. Quand on fait une proposition, le risque est toujours que l'on vous charge de sa mise en œuvre. C'est ce qui ne manque pas de se passer, et je demande que Michel Fardeau puisse l'organiser avec moi. C'est un grand plaisir de travailler avec lui. Je le connais depuis une quarantaine d'années, lorsque nous nous sommes rencontrés à la Société des Petits Savants. C'est ainsi que nous appelions le groupe d'une vingtaine de personnes, presque tous patrons hospitaliers, qui se réunissait un soir par mois aux Enfants-Malades sous la férule du professeur Haguenau pour entendre et discuter un exposé sur un sujet orignal. Fardeau avait été invité à parler de la plaque motrice et moi de la métamérisation du membre supérieur. Il faut croire que nous avons plu puisque nous avons été conviés à intégrer le groupe. Nous avons sympathisé et sommes restés amis (plus ou moins lointains) depuis. Michel a bien des raisons de s'intéresser au handicap, auquel il a consacré l'essentiel de son activité, clinique et de recherche. C'est un grand bonhomme, unanimement reconnu.

Le congrès de Nantes est un succès. Trois décisions importantes y sont prises : création d'un conseil scientifique, d'un groupe de réflexion éthique et engagement d'un médecin de réadaptation à temps plein.

Michel Fardeau accepte de présider le conseil scientifique et de le lancer sur ses rails pendant les premières années. Je suis chargé de l'animation du groupe de réflexion éthique.

J'ai insisté sur son utilité, tant il me semblait qu'une association aussi importante, au service de tous les paralysés, méritait d'avoir en son sein un organe de réflexion morale. Il faut qu'il soit autonome pour avoir toute liberté de réflexion et d'expression. En même temps, il doit garder une certaine prudence dans sa communication, tant il est évident que sa parole sera reçue comme celle de l'APF.

Comme tous les groupes et comités de ce genre, le groupe de réflexion éthique est composé de personnalités venant d'horizons et de disciplines différents : philosophe, théologien, sociologue, psychologue, juriste, médecin, handicapés et parents d'enfants handicapés, responsables d'associations, au total une quinzaine de membres. La diversité des cultures, des croyances et des opinions se révèle être une richesse. La hauteur de réflexion des uns se mêle aux expériences de terrain des autres et le consensus est constamment obtenu par l'attachement de tous à la valeur imprescriptible de la personne humaine.

Nos débats ne cherchent qu'à ouvrir des pistes de réflexion. Même sur des sujets délicats tels que l'aide à la mort demandée, le diagnostic préimplantatoire, une note de dissidence n'est jamais nécessaire dans les comptes rendus de nos réunions. Nous publions deux fois dans la presse nationale généraliste, échangeons des correspondances avec le Comité national d'éthique, écrivons au président du Conseil supérieur de l'audiovisuel pour manifester notre réaction devant la présentation d'une euthanasie à la télévision...

En relisant aujourd'hui les notes prises lors de nos réunions, où sont toujours invitées en fonction du thème une ou deux personnalités extérieures, je comprends pourquoi la participation à ce groupe m'a procuré tant de satisfaction. Après dix années d'animation, il m'a paru souhaitable de passer la main pour ce qui est de l'animation, afin de maintenir le dynamisme du groupe. Mais je reste, car j'ai encore beaucoup à apprendre.

Depuis Platon, précurseur de l'eugénisme, l'évolution de la croyance religieuse et celle de la pensée eugénique peuvent se dessiner au fil des siècles sous la forme d'une sinusoïde où l'une est sur un sommet tandis que l'autre est dans un creux. Au cours du XXe siècle où l'eugénisme, toujours latent, s'est réveillé et où les signes de la foi ont décliné dans les vocations comme dans les pratiques, Malraux prédisait que le XXIe siècle serait religieux ou ne serait pas. Il semble bien en effet qu'il y ait, comme le promet Régis Debray, des signes d'un retour de Dieu.

J'ai été pour ma modeste part très influencé dans nos discussions éthiques par les positions de théologiens et d'hommes de foi qui ont toujours mis l'homme en avant, sans jamais faire état de leur engagement, et qui ont agi dans leur comportement quotidien en conformité avec leur croyance. Si bien que d'un incroyant qui a quelquefois douté, je suis devenu un croyant qui doutera peut-être quelquefois, mais qui est maintenant ferme dans ses convictions.

Les dramatiques événements survenus aux États-Unis le 11 septembre 2001 montrent bien, comme le dit le dalaï-lama, que si l'on ne met pas en œuvre le sentiment de responsabilité universelle, notre avenir même sera en danger. De la même façon, le sociologue Edgar Morin plaide pour une civilisation mondialisée, qui ne pourrait devenir possible que par une réforme de tous les systèmes d'éducation.

Les décisions prises au congrès de Nantes n'ont jamais été regrettées. Chacune a comblé un vide. Et la preuve a été depuis largement faite que les dimensions médicale, scientifique et de réflexion morale manquaient dans une association aussi importante.

Ces créations démontrent surtout que l'APF n'est pas repliée sur elle-même et combien est grand son esprit d'ouverture. Des groupes de médecins s'y réunissent dans diverses commissions, entre eux ou plus souvent avec des représentants administratifs, chacun reste à sa place, apporte son écot. Même si des médecins de réadaptation ont été engagés à la vacation dans certaines instances, tels les foyers de vie, les équipes de soutien dans la vie à domicile, l'invasion médicale reste légère.

Et j'ai plaisir à témoigner que, malgré son développement incessant, il règne dans cette grande famille une vocation humaniste parfaitement préservée et ces valeurs inestimables que sont l'amitié, la solidarité, le respect de l'autre et de ses convictions. S'y ajoute un grand sérieux dans la préparation des dossiers. Dans toutes les sphères, l'APF est écoutée et respectée.

Si l'on cherchait une séquelle de l'époque misérabiliste, on la trouverait peut-être dans l'appellation « Association des paralysés de France ». On la conserve, je pense, en mémoire de son président fondateur, André Trannoy, qui était un homme au rayonnement exceptionnel et une grande figure morale. Mais les mentalités ont beaucoup évolué. Les notions de droit et de justice ont remplacé celles de charité et de compassion ; le militantisme n'est plus ce qu'il était. Les adultes qui se retrouvent paralysés, les parents dont l'enfant naît handicapé ou qui le devient sont uniquement préoccupés de guérison. Ils sont loin de vouloir entrer dans une association qui porte l'étiquette de « paralysé ».

Aussi sommes-nous quelques-uns à avoir proposé que l'appellation devienne, en gardant les initiales, « Agir, Participer, Faire face ». Le fruit n'est pas encore mûr. Personnellement, je suis convaincu que Trannoy, s'il était encore de ce monde, serait sensible à l'évolution de la société et favorable à la nouvelle appellation.

Dans la région parisienne, l'APF offre aussi aux paralysés la possibilité de participer aux activités du cercle culturel, conférences et visites d'exposition. La culture a une bonne place dans les moyens de compensation du handicap. Pascale Chaigne, ancienne administratrice, l'avait bien compris quand elle a créé le cercle à la fin des années 1980.

Après avoir visité, au cours de nos voyages avec Paule, nombre de musées dans le monde, nous apprécions particulièrement aujourd'hui d'être accueillis pour toutes les expositions parisiennes, parfaitement organisées, le jour de fermeture hebdomadaire, avec une conférencière généralement excellente. Flâner dans les salles, revenir admirer certaines œuvres sans être bousculé, ni avoir le sentiment de gêner, procurent de grandes joies.

Un de mes anciens collaborateurs, rencontré récemment, m'a demandé si ce n'était pas trop dur de résister à l'âge et au poids de plus en plus lourd du handicap. Sans vraiment réfléchir, je lui ai répondu : « Il faut mobiliser les viscères et la pensée. » J'aurais pu ajouter : je ne sais pas si je suis « né étonné », mais je vieillis étonné... de ma longévité.

La mobilisation des viscères c'est, d'une façon très générale, le mouvement. Inscrire dans ses emplois du temps des activités qui vous engagent à sortir, à bouger, à vous faire mobiliser – les moyens ne manquent pas pour lutter contre les méfaits insidieux de l'immobilité. Un ami handicapé résume parfaitement ce besoin : « Avec le handicap, c'est comme avec la bicyclette, il faut rouler pour maintenir son équilibre. »

Einstein n'a-t-il pas démontré que « tout corps en mouvement vieillit moins vite que celui qui est immobile » ?

Plus les misères vous assaillent, s'additionnent, voire se multiplient en retentissant les unes sur les autres, plus est indispensable la mobilisation de la pensée, l'occupation de l'esprit. La lutte peut être difficile. Les agressions – difficultés respiratoires, mouvements involontaires gênants, épisodes infectieux, menaces d'escarres, douleurs – ne peuvent être complètement ignorées, car elles nécessitent souvent une prise en charge. On comprend que l'ataraxie puisse quelquefois être ébranlée. Un bel alexandrin de Jean Courbeyre revient à ma mémoire : *Je dois infiniment vaincre des impossibles.*

Un de mes malades m'a dit un jour : « On devrait être exempté des complications du vieillissement. » Et Trannoy, à qui je demandais comment il allait à la veille de ses quatre-vingts ans, m'a répondu simplement : « C'est un peu long. »

27

« Une vie humaine n'est pas un ver, il ne suffit pas de la trancher en deux pour que chaque part devienne une parfaite existence. Il n'est pas de défense si contraire, d'expérience si ennemie qu'elle ne puisse se fondre un jour en une seule vie, car le cœur de l'homme est encore le plus puissant creuset »

(Jean Giraudoux, *Siegfried*)

Quand un récit s'appuie sur des souvenirs, on peut toujours être suspecté d'une intervention de l'imagination. Il suffit de parcourir le dictionnaire des lieux imaginaires pour réaliser combien cet univers est d'une richesse et d'une diversité étonnantes. Les auteurs y rassemblent quelques centaines de ces lieux créés par les écrivains avec leurs situations géographiques, leurs cartographies et le plus souvent une somme de précisions qui vous persuadent que la fiction est réalité. Le manoir des Baskerville, le monde sous-marin du capitaine Némo, l'île de Robinson Crusoë, l'abbaye de Thélème ne sont-il pas pour nous des lieux de mémoire ?

Pour l'écrivain qui crée, l'imaginaire est souvent un refuge. Joë Bousquet, lieutenant blessé en 1918, partiellement paralysé, a vécu ainsi une trentaine d'années et fut un écrivain reconnu par ses pairs. Il sortait peu, recevait d'illustres visiteurs tels qu'André Gide, Paul Valéry et bien d'autres, et correspondait avec eux. Dans ses romans, le docteur devient le malade qu'il soigne, l'homme trahi devient celui qui l'a trompé et le lieutenant blessé, le déserteur qui a échappé à la mutilation. Une formule clé régit ces substitutions : ne pas être ce que je suis.

Ainsi, les écrits de Joë Bousquet, où l'ambivalence le dispute à l'imaginaire, sont bien un refuge contre la réalité. Il indique d'ailleurs : « Je sais bien comment l'envie m'est venue d'écrire. J'ai voulu donner à mes semblables l'idée des sensations qui me forgeaient au milieu d'eux une existence d'étranger. »

Tel n'est certes pas mon cas, même si l'âge et mon statut de paralysé malade tendent à rétrécir progressivement et inévitablement ma vie sociale. Sentiment d'étrangeté, non. Mais sentiment de solitude quelquefois, quand des amis échangent leurs souvenirs de récents voyages, et surtout quand je ne veux ou ne peux pas parler de certaines de mes misères à mon entourage. Rien n'est pourtant plus normal que de lui éviter des charges supplémentaires. « Un homme seul est en mauvaise compagnie », disait Paul Valéry.

Pour Montaigne, l'essentiel est de vivre selon soi-même. Conception quelque peu égocentrique. Quand on devient paralysé des quatre membres, le soi-même est bouleversé.

Il faut non seulement se retrouver, mais encore s'efforcer de continuer à s'intéresser aux plaintes des autres, de les écouter, même si leurs misères paraissent dérisoires par rapport à celles que vous assumez, et de les aider si possible.

Dans mes différentes existences, la continuité a été assurée grâce à la famille dont l'aide et l'affection ne m'ont jamais fait défaut, aux copains à l'amitié fidèle depuis les années chahuteuses de collège, à l'activité au service d'une cause, à l'intérêt pour les voyages, les activités culturelles et sportives, et une certaine dose d'humour.

J'ai ainsi pu franchir les caps plus ou moins dangereux des complications, des interventions et des hospitalisations. Je n'en suis pas pour autant un héros ou un saint. Le courage d'un acte, d'un jour est évident, celui au long cours n'est le plus souvent que force de l'instinct vital.

Au terme « d'une vie magnifique », comme disait Merle d'Aubigné, un quatrain de son illustre ancêtre revient à ma mémoire :

Rien ne s'engendrera : le temps que tout consomme
En l'homme amènera ce qui fut fait pour l'homme,
Lors la matière aura son repos, son plaisir,
La fin du mouvement et la fin du désir.

Agrippa d'Aubigné, *Le jugement.*

J'ai connu la fin brutale du mouvement et retrouvé assez vite la faim du mouvement. Celle-ci ne m'a pas quitté, non plus que la faim du désir. Mais c'est bien une lutte permanente contre le temps qui use. Me retrouvant à cinquante-sept ans d'intervalle dans l'état d'un grand malade, je sais bien que l'acharnement thérapeutique n'a pas la même motivation devant un patient de vingt ans et devant celui de quatre-vingts ans. Suis-je d'ailleurs maître de cet acharnement ? Celle qui m'a fait quelquefois douter de l'inexistence de l'acte gratuit joue volontiers le rôle de chef de famille et, souvent, décide.

Un grand malade est objet, de soins, de manipulations, de précautions, d'attentions. Un médecin est un sujet, actif et responsable. Il y a tant de différence entre les deux que je me demande si je n'ai pas été qu'un médecin imaginaire. Et le débat entre mémoire et imagination me taraude. Il était tellement inimaginable dans les premières années après l'accident que je devienne un jour médecin ! Le jeune Tunisien devant l'hôtel avait peut-être raison de douter et de s'esclaffer.

La fiction pouvant être réalité, mon objétisation ne m'empêche pas de penser, bien sûr, par exemple à la reine Félicité imaginée par Fanny, comtesse de Beauharnais. L'île qu'elle gouverne dans la mer Égée est quasi inaccessible, protégée par des obstacles naturels et des animaux dangereux. Mais le voyageur qui réussit à pénétrer est plongé dans un présent éternel où rien ne vieillit jamais. Maladies, soucis et craintes n'existent pas. L'air est parfumé par la rosée de l'ambre gris. Les orangers tempèrent la chaleur du soleil. Les fleurs miroitent dans les rivières et les fruits sont toujours mûrs. L'île est habitée par des nymphes d'une éternelle jeunesse.

Je pense quelquefois à Samuel Beckett disant dans ses dernières années : « Il faut continuer. Je ne veux pas continuer. Il faut continuer. Donc je vais continuer. »

Je pense aussi à Ionesco. Dans son roman *Le solitaire*, le héros croit en un soleil que nous portons tous en nous sans le savoir. Les habitudes et les vents contraires peuvent nous le cacher. En dépit de tout, il est bon de croire à ce soleil et de toujours recommencer, dans le divertissement que dénonçait Pascal.

Table des matières

Composé et mis en pages
par DV Arts Graphiques à Chartres,
cet ouvrage a été reproduit
et achevé d'imprimer sur Roto-Page
en septembre 2002
par l'Imprimerie Floch – 53100 Mayenne
pour le compte de Bayard Éditions

Imprimé en France.
Dépôt légal : septembre 2002.
N° d'imprimeur : 54952.
N° d'éditeur : 2396.